妻たちの介護

在宅介護で孤立しないために

中村和仁
Nakamura Kazuhito

新泉社

はじめに

ある日突然、夫が脳出血で倒れ、翌日から全介助の身になる。そして心の準備もないまま、妻は介護生活に入らなければならない……。

夫の親がおかしな行動をとるようになり、病院に連れて行くとアルツハイマー型認知症だと診断され、嫁ひとりに介護が委ねられてしまう……。

これは日本でよく見られる、妻たちが介護にかかわる入口である。つまり、多くの場合、結局は、妻が介護を担わざるをえなくなるのが現状なのである。そして、介護はどの家庭にも起こりうることで、自分には関係ないと思っていた人ほどショックは大きい（実際、私もそうであった）。

本書は、さまざまな環境に身をおく妻たちの、在宅介護の現状を聞き書きしたものである（お名前は数名の方を除き仮名にさせていただいた）。突然訪れた介護にどのように行動し、考えたのか。そして、次第に悪化する病状と向き合い、どのように対処してきたのかを語ってもらった。

介護をしていると、「ほかの人はどうしてきたのだろうか」「自分のやり方はまちがっていないだろうか」「なんで自分だけこんな目に遭わなければいけないのか」……、そうした疑問や迷い、想いが必ず生じるものである。

在宅介護には正解などない。そのため他者のケースを参考に、自分なりに工夫していくしかなく、その手がかりとして本書が役立てばと願っている。

妻たちの介護

目次

II

義理の父母の介護 89

Ⅳ

ブックデザイン――堀渕伸治◎tee graphics

I

夫の介護

夫が突然倒れて寝たきりに

島本和子さん◎主婦
会社員の夫、娘二人（社会人）、息子一人（大学生）の五人家族

パート先に、娘から突然電話がかかってきた。島本和子さんは嫌な予感がした。恐る恐る電話に出ると、娘のあわただしい声が耳に飛び込んできた。

「おとうさんが会社で倒れたって」

その日の朝、夫の晴彦さんは、いつもどおり起き、朝食を食べ、元気に会社に向かった。あんなに元気だったのに、なぜ？　半信半疑のまま、急いで夫の職場に向かった。救急車の中で目の当たりにした晴彦さんは、応急処置のため服の胸のところが開かれ、顔は血の気がなく、鼻に酸素吸入の管が差し込まれていた。和子さんは思わず膝が震え、腰が抜けそうになった。

くも膜下出血だった。命はなんとか取り留めたが、話すことも食べることもできなくなっていた。徐々に悪化するのではなく、最初から重度の要介護者となってしまったので

ある。まだ五四歳という若さだった。

毎日病院に通い食事の介助やマッサージ

島本さん一家は夫婦と娘ふたり、息子ひとりの五人家族。横浜近郊の住宅地で暮らしていた。近くには森や畑もあり、晴れた日には富士山が望める環境のよい場所である。長女は医療系の会社に、次女は食品メーカーに勤めていた。息子は福祉を学ぶ大学生で、資格をとって福祉の専門家になる夢をもっていた。和子さんは近所の会社でパート勤め。毎日、子どもたちを送り出すと、自転車で出かけていった。

それが晴彦さんの入院で、毎日病院へ通うことになる。病院では食事の介助をしたり、体を拭《ふ》いたりマッサージしたり、面会時間いっぱい、つきっきりで介護した。パートは辞めるしかなかった。

二カ月ほど経つと、医師からほかの病院に移ってほしいと言われた。リハビリのレベルアップが期待できないからだという。急性期の治療がすむと（多くは三カ月程度）、退院をせまられるケースが多い。

つぎの病院は、自宅から少し離れた場所になった。それでも食事の介助をしに毎日通った。子どもたちも休日には病院に行き、和子さんに代わって晴彦さんの世話をしてくれた。その病院は五カ月間入院することができた。正月には、一泊だけ家に連れて帰ることもできた。

そのつぎの病院は、さらに遠くなった。そしてそこでは、大きな決断を二つしなければならなかった。

一つは、胃ろうを施すかどうかだ。胃ろうとは、おなかにチューブ（カテーテル）を通して、胃に直接栄養剤を送り入れる方法である。口からものを食べられなくなった場合の措置で、〝延命治療〟ともいえる。晴彦さんは食べ物をうまく飲み込めなくなっていて、気管に入って吐き出してしまうことが多くなっていた。

胃ろうを施す手術をするかどうか、本人が判断できない場合は、家族が選択することになる。

「延命治療が主人にとって最良のことかと悩みました。それが、決めかねているときのことでした。風呂に入れ、裸で椅子に座っている主人の後ろ姿を見たら、骨に皮が張りついているだけでした。それを見て、このままでは餓死するのと同じだと思い、胃ろうを決意しました」

不安もあったが、とにかく生きていてほしかった。

そしてもうひとつ、重大な選択をしなければならなかった。それは、またほかの病院に移すか、自宅で介護するかだった。

晴彦さんは、障害程度等級としてはもっとも重度の一級であったため、治療費はかからなかった。それでも入院費はそれなりに出ていく。病院に毎日通うのもきつくなっていた。和子さんは自宅で介護しようと考えたのである。

寝たきりの夫を二四時間つきっきりで介護

はたして自分に重度の障害をもつ夫を介護できるのか、不安は小さくなかった。在宅で寝たきりの晴彦さんを介護するためには、まず、往診してくれる医師を見つけなければならない。病院のケースワーカーに相談して、なんとか探しだした。訪問看護も必要だった。これは市の福祉課に相談し、保健師と打ち合わせもした。

正しい介護の仕方も身につけなければならない。痰《たん》の吸引方法、経管栄養《けいかん》の手順、身体清拭《せいしき》の方法、経管からの薬の投与法などたくさんある。これは病院の看護師に教えてもらった。とくに胃ろうの扱いは念入りに教えてもらった。

病院のケースワーカーの配慮で、和子さんが介護に慣れるまで、訪問看護師が毎日来てくれることになった。また、週一回の往診と訪問入浴もお願いした。

自宅の改造もした。室内を車椅子が通れるようにし、段差がある所はスロープに作り替えた。電動ベッド、エアーマットなども借りて、受け入れ態勢を整えていった。

そして、一年二カ月ぶりに、晴彦さんはわが家に帰ってきた。

それからは、動くことはもちろん、口もきけない寝たきりの晴彦さんに、二四時間つきっきりで介護する生活が始まったのである。

気の抜けない日が続き、緊張の連続だった。

胃ろうからの栄養補給は一日に一二〇〇キロカロリーで、四〇〇キロカロリーずつ、朝、昼、晩の三回に分けて与える。一回に二時間以上かかることもある。

「胃ろうによる朝食が終わると、つぎは全身を清拭します。清潔にしておかなければダメだと先生に言われていましたので。それが終わると、すぐに昼食の準備にとりかかります。そして再び二時間ほどかけて食事（栄養剤注入）をします」

胃ろうから注入している間に自分も食事をとったり、家事をしたりするが、数分おきに栄養剤の残量をチェックしたりして、ゆっくりできる時間などなかった。夜も二時間おきに体位交換して床ずれを防いだ。睡眠時間は自然と減っていった。

当時はまだ介護保険制度が実施される前で、重度で寝たきりの晴彦さんの場合はデイサービスを利用できなかった。市役所に相談してみたが、「晴彦さんをあずかる所は市内にはない」と言われてしまう。

唯一の休息は、年に一、二回、胃ろうのチューブを交換するために、二週間ほど入院する期間だけであった。そのほかに、ショートステイ（施設に数日間宿泊すること）が可能な公的な施設はなく、民間の有料施設も保険が適用されないため全額負担となり、家計に重くのしかかってしまう。そのため、晴彦さんをあずけることはできなかった。

一日中便の処理と着替えに追われることもあった

寝たきりの晴彦さんの介護で苦労したのは、六〇キロ以上もある体を動かすことだった。食事のときや床ずれ防止のため、ときどき体位を変えてやらねばならず、そのときに引き上げるようにして起こすのは一苦労であった。

着替えは、正面から抱きかかえて自分に寄りかからせ、そのままの状態で着せていった。座ることもできないので、この方法しかなかった。

皮肉な話だが、入院中は口から食事をとっていたためあまり食べることができず、痩《や》せていく一方だったが、自宅に戻ってきてからは、胃ろうで栄養をとれるので、やや太り気味になっていたのである。

和子さんをたびたび悩ませたのは、排便の処理だった。

動けない体であったため便が出にくくなり、ときには下剤を使ったり、摘便《てきべん》することもあった。そして、便秘が続いたあとの排便は、堰を切ったようにつぎつぎに出てくる。胃ろうのため流動食であったから、便はつねにとろとろの状態。排便の量が多いとオムツから飛び出して、背中にまで噴き出した。

そうなると、パジャマもシーツも汚れてしまい、全部取り替えなければならない。その間、晴彦さんの体を自分の体で受け止めたまま、清掃や着替えをさせていくという重労働が待っている。ひどい場合は、日に何度も排便し、一日中便の処理と着替えに追われることもあった。

そして、こうした介護が何年も続いた。

和子さんの身体はぼろぼろになり、ついには目まいがして起きられなくなったこともあった。それでもなんとか這《は》って夫のもとに行き、介護をした。

「ここで倒れたら、子どもたちが介護することになると思い、必死でやりました。子どもに勤めを辞めさせるわけにはいかないですから」

妻として、母として、歯を食いしばり、疲れ切った体にムチを打ちながら、和子さんは苦しいときを乗り越えていったのである。

「少しでも目を離すのが怖かったですね。主人は自分では意思表示が何もできない状態でしたから。平日は買い物にさえ行けませんでした。子どもたちがみてくれている休日に、まとめ買いするしかないんです」

晴彦さんは、全身が麻痺《まひ》した状態だったが、内臓などは問題なかった。この生活がえんえんと続くように思われた。終わりのない介護に、和子さんは苦しんだ。しかし、ある日、考え方を切り替える出来事が起きた。

「とにかく今日一日、頑張ればいいと思うようにしました」

「リハビリのつもりで、麻痺のない左手にペンを持たせ、私が手を添えて夫婦の名前を書かせました。そして、『これ、おとうさんの名前よ、これは、私の名前』と声をかけ、反応をみました。……夫は無表情でした。なんだかとても悲しくなり、涙がこぼれそうになりました。すると、そんな私を見た主人が、ふいに悲しい顔をするんです。ハッとしましたね」

和子さんは、晴彦さんに気持ちが伝わることを初めて知った。そして、いつも明るく笑っているようにしようと決心したのである。軍歌が好きだったので、軍歌のカセットテープをかけて歌った。

そんな気持ちでいると、介護を辛いとは思わなくなった。

「介護はいつまで続くかわからないですから、とにかく今日一日、頑張ればいいと思うようにしました。そういうふうに思うと気が楽になりましたね。先を見るとやってられません。日曜日は娘や息子がみてくれたので、絵を習いに行ったりして、楽しみを見つけるようにしました」

そうしていても、とにかく晴彦さんのことが気になってしまう和子さん。買い物をしていても、旅行に出かけても、その後受け入れてくれることになったショートステイにあずけている間も、晴彦さんのことが気になった。

「主人は動けないし、話もできない状態でしたから、文句やわがままを言うこともなく、ただ私のやることを受け入れるしかありませんでした。それがかえって私にとっては楽というか、腹を立てることもなく介護できた理由だと思います。まるで赤ん坊のようなものですね。いとおしく思いました。とにかく、主人と離れると、とても心配でしたね」

和子さんがこうして介護している姿を、子どもたちはどのように見ていたのだろうか。その象徴的な出来事が、次女と長男の結婚式である。

次女は自分の結婚式で、父とバージンロードを歩きたいと言い出したのである。和子さんにとってまったく予想外のことであった。娘の意思は固く、結婚式当日は、訪問看護師の手助けも得て、息子が晴彦さんの乗る車椅子を支え、娘は晴彦さんの腕に手を添えてバージンロードを歩いた。列席者の拍手はいつまでも続き、和子さん一家を称えた。

そして長男の結婚式にも、晴彦さんは参列した。心配する和子さんをよそに、子どもたちは晴彦さんを介護タクシーで式場まで連れて行ったのである。やがて長男は介護の仕事に就いた。住居も実家から近い場所に構えた。長男の妻も、和子さん夫婦の様子をたびたび見に来てくれた。晴彦さんと和子さんを支えるために、家族は太い絆で結ばれていったのである。

その後、晴彦さんは六一歳で他界した。結局、八年間、和子さんは介護しつづけたことになる。

◇ひとくちアドバイス

病院から退院を言われたら

地域包括支援センター

島本晴彦さんのように、元気だった人が、突然、くも膜下出血や脳梗塞で入院するケースが増えている。そして、麻痺が残るおそれがあると、病院の医師から、あらかじめ転院する施設を探しておくように言われたり、一～三カ月ほどの入院生活の後、ある程度治癒がみられると、退院をせまられることが多い。

そうした場合、私たち家族は、介護や施設の知識があるわけではないので戸惑う。まして、いきなり重度の要介護者になってしまった場合には、どうしてよいのか途方に暮れてしまう。そんなときには、まず地域包括支援センターに行ってみよう。

地域包括支援センターは、国の介護予防政策の一つとして設けられた相談施設で、全国の市区町村に設置されている。まずは市区町村の福祉担当窓口に問い合わせ、同センターがどこにあるのか調べてみよう。市区町村が直接運営している場合のほか、社会福祉法人や医療法人に運営を委託している場合もある。

地域包括支援センターには、主任ケアマネージャーという介護の専門家、社会福祉士という福祉の専門家、保健師または看護師といった保健や医療の専門家が所属している。それぞれが連携を取り合いながら、介護者の抱えている問題についてサポートしてくれる。さらに地域のボランティアや家族同士の集まり、介護についてのセミナーなど、地域包括支援センターにはさまざまな情報が集まっている。

予約はいらない。自分の住んでいる自治体のセンターでなくてもかまわない。介護のことで困ったら、とにかくまずは地域包括支援センターに行って、相談してみよう。

回復を信じて続けるリハビリテーション

鶴野 愛さん◎主婦
子育てが終わり、会社員の夫と二人暮らし

「もしもし、鶴野さんの奥様ですか。私、旦那さんの同僚のものです」

聞いたことのない男性の声だった。まだ朝九時過ぎ。ふだんはこんな時間に電話などかかってこない。夫の同僚と名乗る男性は、声が上ずっていた。

鶴野愛さんは、夫の正雄さんに何かあったのだと直感した。

「何かあったんですか？」

「旦那さんが意識不明でたったいま病院に……」

愛さんが夫の出張先である栃木の病院に着いたのは午後遅くだった。正雄さんは脳出血を起こしており、その日のうちに手術がおこなわれた。

正雄さんが倒れたのは昨夜であった。翌朝、連絡もなく会社を休むような人ではないため、不審に思った同僚が部屋に駆けつけて発見したのだった。かなり時間が経過していたことで脳へのダメージが大きく、回復がむずかしくなってしまったことを、愛さんはとても悔やんだ。

リハビリ病院で懸命にリハビリに励む

東北生まれの愛さんは、正雄さんと結婚すると、名古屋、大阪、横浜、東京と、転勤のたびに引っ越してきたが、横浜に転勤したときに郊外に住宅を購入。正雄さんは営業という仕事柄、帰宅が遅かった。それでも愛さんは、ふたりの娘とともにようやく落ち着いた生活を得ることができた。愛さんの趣味は唄と三味線で、近所の友だちとよく稽古《けいこ》に出かけた。夫は仕事一筋の生真面目な性分で、遊びに出かけることはほとんどなかった。

娘たちが成長し嫁いでしまうと、夫と平穏に暮らすはずであった。しかし、正雄さんは単身赴任で地方での生活が多くなり、月に二度帰宅するのがやっとだった。まさに、「亭主元気で留守がいい」を地でいくような生活が続いていた。しかし、突然の予期せぬ出来事に、愛さんは奈落の底に突き落とされた気がした。

手術後、正雄さんは意識が戻り、会話はできるようになったが、左半身が完全に麻痺《まひ》し、ひとりでは立つこともできなくなっていた。

この日から愛さんの、介護が始まったのである。

搬送された病院はリハビリの設備が整っており、愛さんが介助しながら正雄さんはリハビリを続けた。それから二カ月が過ぎると、医師は、伊豆にある最新の温泉治療ができるリハビリセンターへの転院を勧めてきた。愛さんは少しでも正雄さんの体が回復すればと考え、そのリハビリセンターに転院することにした。

リハビリは午前と午後に分けてカリキュラムが組まれた。立つことさえ困難な正雄さんの体を起こし、車椅子に座らせ、装具をつけてリハビリが始まる。杖を使って立ったり、歩いたりと、同じような訓練に明け暮れた。

温泉療法に期待した愛さんだったが、実際に温泉には週に一回しか入れなかった。それでも同じような状態のリハビリ仲間が多く、介護者同士での交流は励みになったという。

「リハビリセンターでは友だちがたくさんできました。でも、日が経つにつれ、その方々が元気になって退院していくのを見て、寂しかったですね。それでも、夫だってきっと歩けるようになると信じて頑張るしかなかったんです」

回復するきざしがなく「俺、歩くこと忘れた！」

その後も、センターの長い廊下や誰もいないリハビリ用の坂道を、愛さんは正雄さんとともに懸命に歩いた。しかし、正雄さんの体はあまり回復する様子はなく、希望が少しずつ崩れていきそうだった。そんな気持ちを知ってか知らずか、正雄さんは「俺、歩くこと忘れた！」と言う。

愛さんは全身から力が抜けていくようだった。こんなに頑張っているのに、歩くことを忘れたなんて……、愛さんの目から思わず涙がこぼれ落ちた。

だが、さらに愛さんを追い込んだのが、主治医の言葉だった。

「このまま続けても、ひとりで歩ける見込みはありません。家に帰ってのんびりとリハビリを続けることですね」

まるで「あきらめろ」とでも言うような冷酷な宣告に、愛さんは悲嘆に暮れた。だが、このまま言われたとおりに帰る気にはなれなかった。少しでも可能性があるなら、なんとかここで頑張ろうと思った。

そこで愛さんは、あれこれ言い訳を考えては入院を延長しつづけた。寝返りもできない夫をこのまま家に連れて帰り、リハビリと介護をしなければならないことが不安だった。それでも医師は二度、三度と家に帰るよう勧告してきた。

そしてとうとう、愛さんは自宅に帰ろうと決意した。

「本当なら私のほうが夫の世話になるつもりでした。体が弱く、目まいでときどき動けないこともありましたので。夫は病気ひとつしたことのない健康な人だったんです。そんなことを考えると、なんで今私が介護を？と思いましたね」

焦りと葛藤が渦巻く中、とにかく頑張るしかないと、愛さんは思った。

トイレに間に合わなかったり転倒したり

退院後は、誰の助けもなく夫の介護をできるのか心配だった。そして案の定、心配は的中してしまう。

「トイレまで支えて連れて行っても、用を足している間に倒れることがたびたびありました。座ってても支えていないとダメでしたね。狭い場所ですから、倒れると起こすことができなくて、近所の人に助けてほしいとお願いに行くんです」

トイレが間に合わず失禁することも幾度となくあった。そもそも、オムツをしないことが、トイレへ行く際に焦ってしまい、転倒する原因となっていた。オムツをしないのは、リハビリセンターがオムツを着用しないように強く指導をし、夫がそれを当然のように守っていたためだ。自分でトイレに行くこともリハビリの一つと考えてのことだった。

正雄さんはオムツをすることに罪悪感すら覚えるといったふうであった。そのため、朝の着替えを済ませたと思ったら失禁、ということが毎日のようにあり、愛さんのストレスは次第に高まっていった。

そこで、思い切って紙オムツを使ってみた。最初は嫌がったが、衣服を汚すこともなくトイレに行く危険からも解放された。

デイサービス、ショートステイを利用し負担を減らす

その後、週に一度、デイサービスに通わせることにした。しかし、正雄さんはデイサービスに行くのを拒んでは愛さんを困らせた。家では好きなときに寝たり、食べたり、テレビを見たりすることができるのだが、デイサービスでは緩やかなりとも団体生活をするため、勝手なことができないからだ。

それでも、デイサービスにも少しずつ慣れてもらうと、つぎはショートステイで施設に

宿泊してもらった。月に最大一週間ほど宿泊できるので、愛さんはその間、介護から離れることができた。

このように介護サービスはありがたかったが、リハビリは思うように進まなかった。リハビリが好きではない正雄さんは、愛さんや娘たちが言わなければ、自分から体を動かそうとはしなかった。

リハビリの成果が上がらぬまま、外出はいつも車椅子となっていた。

「歩けるようにならないと死ぬに死ねない、と夫はよく言っていたのですが、みんなが親切にしてくれるので、甘えていたのでしょうね」

正雄さんは車の運転が大好きで、運動らしいことは何もしていなかった。酒やタバコも好きだった。そんな生活習慣が脳出血につながったようで、医師は血管がボロボロだったと言い、なるべくしてなった病気であると、愛さんに告げた。

倒れてから正雄さんは酒もタバコもやめた、はずだった。ところが、一年後にタバコを吸いはじめる。

デイサービスでも、ショートステイでもタバコをたくさん持っていき、注意を受けたりもした。タバコで火傷をすることもあった。それでも、愛さんは無理にタバコをやめさせようとはしなかった。

「おとうさんがいるから、結束していけるんだ」

愛さんは民謡と三味線の趣味があった。介護の間も、稽古の仲間に家に来てもらって練習したこともある。

正雄さんは、愛さんが歌う様子を見て楽しそうにし、ときには唄の批評もした。

「おまえは下手くそだ、なんて言うんです。内心腹立たしかったですね」

そう言う愛さんの顔がほころんだ。

介護のために好きなことをやめるのではなく、介護しながら続けられるよう工夫した。歩いて二、三分の場所にあるコミュニティセンターが稽古場になっていたため、何かあればすぐ家に戻れる。そのため、夫を家にひとり残しては稽古に行った。

「トイレ行くぞー、なんていう電話が入ると、稽古を中断して家に帰ったりしていました」

発表会が近づくと稽古にも力が入り、ホームヘルパーに来てもらうこともあった。

「近所の人には、あなた本当に旦那さんをみているの?、なんて言われましたよ」

心の負担を軽くしてくれたのは娘たちだった。嫁いだ娘たちはよく手伝いに来てくれた。

長女は家族で近くに引っ越してきて、正雄さんの介護を引き受けてくれた。そんな娘たちは、「おとうさんがいるから家族が無理をしてでも集まり、結束していけるんだよね」と言って、連携して駆けつけてくるようになった。

正雄さんの故郷の福島にも家族で帰ったことがある。病気になってからの家族旅行は思いもよらぬことで、正雄さんの喜びようはひとしおだった。愛さんも、以前にも増して家族が強い絆で結ばれたような気がした。

正雄さんは、倒れて七年ほど過ぎた頃から食事ができなくなり、胃ろうを施した。顔色も良くなり安心した時期もあったが、少しずつ体力が落ちていった。デイサービスもショートステイもだんだんと拒否するようになり、愛さんの負担は増していった。

その後、胃ろうもうまく吸入できなくなり、一二年目に正雄さんは亡くなる。「歩けるようになって、一〇〇歳まで生きる」と言っていた正雄さんだったが、最後まで歩くことはできず、七一歳でこの世を去った。

亡くなって数年間、耳についていたのは、「おーい、おーい」と呼ぶ正雄さんの声。愛さんの姿が見えなくなるとそう呼んでいた声が、しばらく耳から離れなかったという。

そんな「おーい」という呼びかけに、愛さんは「なによー」と不機嫌に返事をし、やさしく答えられなかったことが、申し訳なかったと悔やんでいる。

「介護はいかに平常心でいられるか、ということですね。それがむずかしいことでした。いきなり倒れて、要介護五からのスタートでしたので、何もかも見えなくなってしまって……」

徐々に進む病気であれば、それなりに対応も心の準備もできるが、突発的な病はなんの準備もないまま介護に突入することを意味する。脳卒中などが少なくない現在、私たちは愛さんのようなケースにいつなるとも限らない。

◇ひとくちアドバイス

できるだけ機能を回復させたい　**リハビリテーション病院**

脳梗塞、脳出血などの脳血管障害は、麻痺などの後遺症が残るケースがあり、リハビリが必要となる。リハビリをせずそのままにしておくと、多くが寝たきり状態となり、入浴や食事介助の生活を強いられる。つまり、リハビリをするかしないかで、その後の生活にかなり差が出ることとなる。リハビリ次第で、その後の回復が進み、社会復帰することも可能だ。

そのため急性期を過ぎたら一刻も早くリハビリを始めたほうがよいといわれ、入院中からリハビリを受けることが大切。そして、鶴野さんのように、リハビリテーション病院に転院する方法がある。

リハビリテーション病院ではたんに手足を動かすだけではなく、社会復帰をめざして作業療法や言語療法など、個人に合わせて最適の訓練をしてくれる。ただし、誰でも入院できるわけではない。対象となる病気が限られており、入院も、脳血管疾患の場合、発症から二カ月以内という制限があり、入院期間も一八〇日が限度となっている。

リハビリ病院では訪問リハビリをしているところもある。これは本人や家族にリハビリの方法を教え、自宅でリハビリに取り組んでもらおうというもの。あくまでも指導であり、何度も訪問するものではない。

問題行動に振りまわされる日々

斉藤富見子さん◎主婦
定年退職した夫と二人暮らし

思い返せば、一〇年ほど前のことだった。定年を迎えた斉藤竜也さんは、夏頃から物忘れが増えはじめた。肩を落として気だるそうに会社に向かう竜也さんを、妻の富見子さんは心配しながら見送るようになった。

竜也さんは、自治体などの大型施設の設計にかかわる仕事をしていた技術者で、数十億という建設費が夫の手に委ねられ、一年以上の単身赴任が何度もあった。六〇歳で定年を迎えると、嘱託で会社に残ることが決まり、春から新たな気持ちで出勤していた。

もともと竜也さんは、その日にあったことをノートに記し、身のまわりのものをきちんと整理する真面目で几帳面な性格で、会社で嫌なことがあっても愚痴を言うこともなかった。それが、物忘れがどんどんひどくなるばかりだった。

認知症だが午前中は散歩、好きなゴルフも

夫は精神的に疲れていると感じた富見子さんは、「会社を辞めてのんびりしてみたら」と気遣った。そして、その年の暮れに、夫は会社を辞めた。それで精神的に楽になり、元気を取り戻すかと思ったが、三カ月経っても、物忘れと体の調子はさして良くはならなかった。

病気というほどではないと思えたが、とりあえず病院で診てもらうことにした。すると、大腸ガンであることがわかった。

ほかに転移していなかったため、部分的に除去して事なきを得たが、物忘れは依然として治る気配がなかった。それもそのはず、竜也さんはアルツハイマー型認知症を発症していたのである。驚いたことにアルツハイマーとわかったのは、医師から聞いたのではなく、ガン保険会社に申請するための書類にそう記されていたからだった。

「ガン保険会社へ申請するとき、病院側が作成した証明書を提出します。申請書にはガン以外にもほかの病気があればそれも併記するのですが、その欄にはっきりとアルツハイマー型認知症と書かれていたんです」

病院は富見子さんには、竜也さんがアルツハイマーであることを知らせなかったのである。富見子さんは、その書類を見て初めて夫が認知症であることを知り、ショックを受けた。

それからは、ガンの再発の検査と物忘れの治療のために、通院する日々が数年続いた。その後、症状が芳《かんば》しくないことから、神経科の医師は神経内科のある病院で一度血流検査をしてほしいと言い、それに従うことにした。別の病院に検査入院したところ、脳の血流がひどく悪い状態であることがわかり、アルツハイマーの治療に使われるアリセプトが処方されることとなる。

退院後、竜也さんは物忘れがあるくらいで、体は不自由なく動き、好きなゴルフにも出かけることができた。午前中は近くの公園を散歩し、昼になると戻ってきて富見子さんが用意した昼食を食べるのが日課になった。

「家に向かっているんだけど、道がわからないんだよ」

そんな平穏な生活が始まって三年ほど経ったある夏の日、外出から帰宅した富見子さんは、食卓に手つかずの食事があるのを見て、夫がまだ帰宅していないことに気づいた。すでに夕方五時をまわっていた。嫌な予感がした。万一のためにと携帯電話を持たせていたので、すぐに電話をした。しかし、何度かけても夫は電話に出なかった。

「おとうさん、早く出てよ！」

富見子さんの祈りが通じたのか、一〇分以上かけつづけて、ようやく夫は電話に出た。持ってはいたものの使ったことのない竜也さんは、操作方法に戸惑っていたようだ。

「おとうさん、いまどこにいるの！」

「家に向かっているんだけど、道がわからないんだよ」

竜也さんは道に迷って、さまよっていたのだ。

「看板とか見当たらない？」

「ないよ」

「とにかく、その近くに誰かいないか探して、その人に電話を代わってもらって」

夫の居場所さえわかれば――それしか頭になかった。

「車が止まってるから聞いてみるよ」

しばらくすると男性が電話に出た。富見子さんはその男性に夫が認知症であり、迷子になってしまったことを説明した。そして、いまいる場所を聞いた。

「上川井《かみかわい》ですけど」

上川井という住所は、公園からさらに一〇キロくらい離れた場所である。家とは反対方向にあり、夫は四、五時間ひたすら歩いて、そこまで行ったのだ。もはや迎えに行ける距離ではない。

富見子さんは、男性に無理を承知でお願いした。

「申し訳ないですが、タクシーを拾って夫を乗せていただけませんか？」

「こんな所をタクシーなんて通りませんよ」

いったい、どんな場所に迷い込んだのだろうか。その言葉に、富見子さんは夫の病状が相当に進んでいることを思い知る。

「では、近くの交番に連れて行ってもらえないでしょうか」

すると男性は、これから出勤なので、そんなことは困ると言った。それでも、その男性に去られたら、夫はどうなるかわからない。富見子さんは必死の思いで男性に言った。

「では、会社に夫を連れて行ってください。そこからタクシーか警察に電話してください。お願いします！」

男性は気の毒に思い、上川井の交番に連れて行ってくれた。その後、交番まで、すでに成人して近くに住んでいた娘が車で迎えに行って、富見子さんの待つ自宅に連れ帰った。

この出来事をきっかけに、介護保険の認定を受け、デイサービスを利用することにした。

要介護三の認定だった。

トイレがわからず漏らしたり暴力を振るったり

そんなことがあっても散歩好きの竜也さんは、外に出さないと怒って喧嘩になる。しかたなくGPS機能付きの携帯電話を持たせ、ストラップには住所と連絡先を記入したプレートをつけ、首からぶら下げて歩かせた。ときには後からそっとついて行くこともあった。だが、竜也さんは後からついてくる妻のことを知って足早に歩く。

「散歩で鍛えているので、歩くのがすごく速いんです。だから何度も見失いました。そんなときは近所の人が見つけて連れて来てくれることもありました。夫のことは近所の方も理解してくれていましたし、私も隠したりしませんでした」

幸い、竜也さんは近所づきあいがよく、ゴルフ仲間もいる。そんな人間関係ができていることで家に閉じ込めず、ある程度、地域社会と交流できるような状態を保つことができた。

デイサービスには軽い認知症の人はいたが、竜也さんのように進行した症状の人はいなかった。それでもなんとか利用させてもらうことができた。「われわれも勉強ですから」

とデイサービスの職員が言ってくれた。幸運なことに、デイサービスのある建物には特養（特別養護老人ホーム）も入っており、とりあえず入所の申請だけはしておくことにした。

この頃から、竜也さんはトイレもわからなくなり、漏らすこともたびたびあった。

二階で寝ていたため、夜、トイレのある一階に下りていくのだが、トイレのドアが見つけられず、玄関や風呂で用を足してしまう。やがて大便のほうも思うようにできなくなっていく。腸が弱かったこともあり、便秘は富見子さんを悩ませた。

「便秘が続くと、どうしても下剤を飲ませるんですが、そうするとトイレが間に合わず、部屋で漏らすんです。夜はもっとたいへんで、夜中にオシッコを漏らしても本人は何事もなく眠ったまま。背中までぐっしょりなのに……。寝ているとき紙パンツを無意識に下にずらしているみたいで」

竜也さんは寝ているところを起こされるのが大嫌いで、なかなか起きてくれない。起こしても、着替えを嫌がり、ついには富見子さんに暴力を振るう。

「無理に着替えさせようとすると駄目みたいです。濡れた紙パンツを引き下ろそうとすると、パンツをつかんで下げさせないんです。濡れているから早く交換しようとして焦り、つい大声になります」

苦労して着替えさせても、夜中にもう一度見てみると、再び漏らしていることもある。

そうするとまたしても夫との格闘が始まる。一晩中、そんなことが繰り返され、寝不足の状態が続いた。

もともと穏やかな性格の竜也さんだったが、認知症により感情を乱すと人格が変わったみたいだった。

そんな夫にがまんしてもがまんできないときもある。富見子さんも叩き返して、大喧嘩に発展することも少なからずあった。あるとき、汚れた部分を洗い流そうと、便を漏らしてしまった竜也さんを風呂場に連れて行こうとしたら、竜也さんが猛反撃してきた。富見子さんは、たえきれずに突き飛ばした。竜也さんはもんどりうって押し入れのドアに体をぶつけ、ドアは見事に壊れてしまった。

ふだんも、風呂になかなか入ろうとしないうえ、自分の入浴が終わると浴槽の栓を抜いて、富見子さんが入れなくなることもある。着替えも、シャツに足を入れたり、パンツを頭からかぶったりする。無理に着させると暴力を振るう。こうした日々にストレスは溜まりつづけた。

娘から「おかあさん、もう限界だよ」と言われる

そんな状況を目にした娘は、「おかあさん、もう限界だよ」と言った。

だが、施設に入れるのは抵抗があった。体は元気であり、怒らなければ優しい夫である。なんとか在宅で頑張ろうと思った。

ところが、そのうち夫は言葉がうまく出なくなってしまった。体は元気でも、言葉だけが出てこないのである。

「アレとかコレとかは話しますが、単語はまったく出てきません」

夫との意思の疎通ができない日々に、不安は募る一方だった。もし、自分が倒れても、夫は救急車を呼ぶこともできない。そんなとき、夫の担当ケアマネージャーが近くにあるグループホームへの入所を勧めた。

悩む富見子さんに、娘は「お互いのためにはそれしかないよ」と言う。そして、いざ話を聞きにグループホームに行くと、「他市の者は入れない」と入所を断られてしまった。近くではあったが、富見子さんの住む市ではないため入ることができないという。

そんなとき、ある知人が知恵を授けてくれた。

「その市に友人などがいれば、夫の住民票をそこに移せばいいと教えてくれました。居住ということですが、本人はすぐに入所しますから実際には住民票だけの移動になります」

富見子さんには、その市に親戚がいた。その人も認知症の親を介護した経験があり、富見子さんの申し出を快く引き受けてくれた。

「特養に入れてもらうしかないじゃない」

二〇〇八年の四月にグループホームに入ったが、その年の一二月になると、今度は特養から入所可能だという知らせが届いた。特養は二〇〇人以上の順番待ちと言われていたため、数年先のことだとあきらめていた。

「夫は九月の介護認定で要介護五に上がったんです。特養は重度の方を優先して入所させますから、夫の順番が早まったみたいです」

竜也さんは言葉が出ないうえ、症状はどんどん悪くなる一方だった。結果として、それが特養への入所を早めたのである。

富見子さんは、せっかく慣れたグループホームから新たな特養に移ることで夫の病状が一段と進むのではないかと心配したが、費用のことが重くのしかかっていた。

そのグループホームは月に二二万円ぐらいかかった。費用は年金でなんとか工面できたが、このまま続けば家計はもたない。しかも、重い病気になれば、グループホームから出て行かなければならない。

「おとうさんが認知症になって一〇年、言葉が出なくなり体も弱ってきてるから、いずれ寝たきりになるよ。特養に入れてもらうしかないじゃない」

この娘の言葉に押されて、富見子さんは特養への入所を決心した。費用は所得に応じて設定され、夫は最高額に近い。それでもグループホームより四万円ほど安かった。その分で富見子さんの生活費はまかなえる。それに何よりずっと入所できることが、富見子さんを安心させた。

その特養は、夫がかつて利用していたデイサービスの職員も出入りしており、懐かしい顔ぶれが迎えてくれた。初日から竜也さんの表情が明るくなり、戸惑うことはなかった。

見守ることしかできない辛さ

特養に入所しても、足腰がしっかりしている竜也さんはじっとはしていない。もともと散歩が大好きで、新しい入居先でも遺憾なくそれは発揮された。

職員がひんぱんに声をかけてくれるので、寂しくもないようだ。部屋はすべて個室で、ときどき自分の部屋がわからなくなり、他人の部屋に入ってしまうこともあるが。

特養には認知症の人が多く、暴言を吐く人もいる。言葉の出ない竜也さんだが、眼で威嚇して険悪なムードになることもある。そこにもまた人間関係がある。

歩くことで健康状態はいい。睡眠もすこぶる良好。ほかの人のように昼寝をすることもないので、夜寝るとすぐに熟睡モードに入る。

ただ、食事だけは介助して食べさせてもらっている。入所したての頃は自分で食べていたが、食べこぼしが多かった。しかも昼間くたくたになるまで歩くため、自然と体重は減っていった。身長一七〇センチで、体重は五〇キロしかなかった。

週に数回、夫の様子を見に行く富見子さんは、そんな夫のためにパンや牛乳を持参し、職員に食べさせてもらうようにした。施設の食事は、あまり運動しない高齢者を基準に作られており、夫のような体力のある人には物足りないのだ。差し入れの効果もあって、最近は体重が増えてきたという。

特養の中には夫と同い年の男性で、寝たきり状態の人もいる。そんな姿を見て、富見子さんは、「夫のつぎの段階を見ているようです」と言う。

そのうち食べることができなくなるだろう。しかし、胃ろうはしたくないと言う富見子さん。娘とも、そのときのことを話し合っている。

夫を介護する多くの妻が、自分にもしものことがあればどうなるかと不安に思っている。仮に自分に何かあれば、娘に夫を託すことになる。将来のことを話し合うことで、富見子さんも娘も心の準備をしているのである。

竜也さんが認知症になったことは残念なことだったが、短期間に特養に入れたことは幸運だったという富見子さん。発症したのは一〇年も前だが、四年前に、公園から帰宅できなくなり、それから急速に認知症が進行していった。荒れた状況から入所までの濃厚な日々が、この四年間に凝縮されている。

疲れたといえば疲れたが、あっという間に過ぎてしまったとも思えた。介護疲れはあったが、解放されたという喜びはない。いまは夫を見守るしかできない辛さもある。趣味のお茶と絵手紙、絞り染めなど楽しい時間を過ごしても、家に帰ると富見子さんを待つ人はいない。自分が夫のようにならないとも限らない。新たな寂しさと不安がそこにはある。

自分がこれからどう生きてゆけばいいのか。いつかは誰かに世話になるのだろうか。経済的なこと、健康のこと、娘のことなど、考えればきりがないことばかりだと、富見子さんは語る。

◇ひとくちアドバイス

これ以上、在宅介護は無理というとき

グループホーム

在宅介護で振りまわされ、疲れ切っている家族にとっては、昼間だけのデイサービスよりも何日間か泊まってくれるサービスのほうが心身の疲労は軽減できる。それでも無理なら施設にあずけるしかない。しかし、特養や有料老人ホームは地域から離れてしまうことが多く、家族との関係が薄れる可能性が大きい。そのような場合、同じ地域にあり、いつでも気軽に会いに行けるグループホームも選択肢のひとつだ。

グループホームは、六五歳以上の認知症患者で、要支援二、または要介護一～五と認定されている人を対象とし、五～九人の入所者が介護スタッフとともに自立した共同生活をおこなう。ユニットケアといって、原則としてプライバシーが保てる個室で暮らす。

集団生活のため、夜中に大声を出すなど行動に問題がある場合、入所を断られる場合もある。また医師や看護師は常駐していないため、医療提供は必要最低限のものとなる。痰《たん》の吸引や胃ろう、褥瘡《じょくそう》（床ずれ）のケア、鼻などから流動食を投与する経管栄養など、医療措置が必要な人は、入所を断られる場合もある。また、入所中に医療措置が必要となった場合も、退所を言われることがある。

入所者は洗濯、掃除、食事の準備を手伝うなど、一般の生活と同様の家事を取り入れ、認知症の進行を遅らせるようなプログラムがある。家庭的な少人数であるため、各人にあったきめ細かい対応ができ、スタッフとの信頼関係も生まれやすい。

一カ月あたりの費用は一五〜二〇万円程度。また、入居一時金として三〇〜一〇〇万円程度が必要。くわしくは地域包括支援センター、または市区町村の福祉担当窓口で尋ねるか、インターネットなどで調べてみたい。

もう在宅での介護は限界

佐藤春子さん◎主婦
定年退職した夫と二人暮らし

佐藤春子さんの介護生活は、まず息子ふたりの介護から始まった。

春子さんは夫、剛《つよし》さんが購入した戸建て住宅で、三人の息子を授かった。近くには幹線道路が通り、車で出かけるには便利な場所であった。まわりは畑や林が多く、子どもたちも元気に育っていた。ところが、長男が高校生、次男が小学生のとき、ふたり同時に進行性の難病を患ってしまう。全身が麻痺《まひ》して自ら動くことも話すことも不自由になり、春子さんはふたりの介護をすることとなったのである。

数年後、次男は体も大きくなり、全介助が必要となったため、施設に頼るしかなかった。長男は二〇歳まで在宅で生活できた。しかし、やがて全介助が必要な状態になり、春子さんはそれでも自宅で介護したいと医師に相談したが、そんなことをすれば介護者が倒れてしまうと言われ、ついに長男も施設へあずけることとなった。

施設に入所した子どもたちは、年に何度か自宅に帰って来る。そのたびに、在宅介護は不可能ではないと春子さんは思っていた。いつか子どもたちと一緒に暮らしたい、と考えていたのである。だが、そんな思いは実現しないまま月日は流れていった。

やがて三男も成人し、会社勤めをするようになると、春子さん夫妻は、三男が家族のことを気にせず自分の人生を送ってほしいと願い、独立させた。夫婦ふたりだけの生活は寂しくはあったが、夫と仲良く過ごす日々も悪くはなかった。

バラバラになった家族五人が一堂に会するのは、年末年始。大晦日は決まってホテルでディナーをとり、レイトショーの映画を見ることにしていた。正月前ということもあり、映画館は空いていて、長男、次男が車椅子でもスムーズに入ることができたからだ。

しかし、二〇〇八年の年末からこの大切なイベントができなくなってしまった。それは、夫の剛さんが認知症を患ってしまったからである。

夫が脳梗塞に、幸い軽度で薬で回復する

剛さんは、原子力発電所や工場のメンテナンスにかかわる技術職。何よりも仕事優先の毎日。小柄だったが、引き締まった強靭な体で、まさに健康そのものであった。性格は穏

やかで生真面目、人から頼まれると決して断らない人だった。頑固なところもあり、たまに癇癪《かんしゃく》も起こしたが、弱い者には優しいのが良さであった。

そんな剛さんがある日、一昼夜、何の連絡もないことがあった。春子さんは仕事が忙しいのだろうと思い、辛抱強く連絡を待った。剛さんから電話があったのは、つぎの日の夕方だった。

「いま、病院にいる。入院させられたよ」

「どうしたの、何があったの！」

「脳梗塞だって」

春子さんはびっくりした。

「大丈夫なの？」

「大したことないよ」

聞くと、前の日に職場で頭痛がして物が握りにくくなり、電話も取りづらかったという。ふだんは具合が悪くても、病院に行かないが、同僚の強い勧めで近くの病院に行ったらしい。検査の結果、脳梗塞だった。幸い薬でなんとか回復できる軽度のものであった。

春子さんは、病院嫌いの夫が同僚たちに言われて早めに検査を受けたことに安堵した。もし、家でそんなことになっても、病院には行かなかったかもしれないからだ。

すでに六一歳であったが、それでも仕事を続ける夫に「無理をしないで、辞めてもいいのでは」と言ったこともある。しかし、剛さんはそれから八年も会社に通った。

なにかにつけて感情的になり激昂

そして二〇〇八年、六九歳になったとき、春子さんはもう一度、「会社を辞めて、のんびりしたら」と言った。すると今度は、あっさりと辞めると言い出した。そして、その年の春に剛さんは退職した。これで悠々自適の暮らしが始まった、かに見えた。しかし……。

その年の夏頃から、剛さんは物忘れが多くなる。一一月になると、ネクタイを締めることができなくなった。

一二月に、認知症医療で定評のある聖マリアンナ医科大学病院に夫を連れて行って検査してもらうと、アルツハイマー型認知症だとはっきり言われた。すぐに薬を処方してもらい、翌日からアリセプトを毎日一錠ずつ飲むようになった（翌月からは二錠に）。

市で要介護認定をしてもらうと、要介護二と判定された。

翌二〇〇九年になるとすぐ、剛さんは初めて寝ていてオシッコを漏らしてしまった。それまでトイレにはとても神経を尖らせており、粗相しないよう過剰とも思えるほど気をつけていたのにである。

「無事にオシッコが出ると、〝あーよかった〟と言ってましたから、相当に神経質になっていたようです」

それほど気をつけていたにもかかわらず、寝ているあいだに漏らしてしまった剛さんは、ひどく動揺し落ち込んでしまった。その日は、食事もとらず話しかけても返事をしなかった。

その後、病状が急激に悪化していった。なにかにつけて感情的になり、春子さんの言葉づかいが悪いと言って、とたんに感情を高ぶらせるようになった。

夜通し起きている夫にいつまでつき合えるか

「何するの」と春子さんが聞いただけで怒ってしまう。さらに自宅を勤めていた営業所と思い込み、春子さんは妻ではなく、会社の社員で、そこで仕事をしていると思い込む。

「一月になると、夫は私のことを仕事のパートナーだと言うようになり、話すのはつねに敬語でした。でも、〝おとうさん〟と呼ぶと、〝はい〟と返事をするんです（笑）」

春子さんと剛さんと三男の三人で出かけたときのことである。剛さんは春子さんに「うちに遊びに来てください。きっと家内も喜びますよ」と言い、息子にも「あなたも来てくださいね」と言う。春子さんは「はい、ぜひそうさせていただきます」と演技する。さらに――。

剛さんが夜中に障子を取り外してしまったこともある。そんなときは、「何しているのですか?」と敬語で尋ねる。すると剛さんは、「障子を掃除しようと思うんだ」と言う。

「でも、いまは夜中の二時ですよ」

「あれ、そんな時間なんだ」

「夜中の二時はみなさん寝ていらっしゃるので、明日にしましょうよ」

「あ、そうですね」

そう言って、剛さんはやっとあきらめてくれる。

だが、それがすむと今度は、昔住んでいた家のことを思って「家に帰りたい」と言う。春子さんは仕方なく、「朝になったら帰りましょうね」と言って諭すが、剛さんは朝まで寝ないで起きている。そして夜が明けはじめる頃、外に出ようとドアを無理にこじ開けようとする。

ドアを開けようとしても開かないので、剛さんはついに傘で窓を叩き割ろうとした。ちょうど実家に戻っていた三男が、がまんしきれずに剛さんに向かって言い放った。

「何してんだよ！」

初めて父に向かって大きな声を張り上げた。剛さんはそれを聞いて、「あ、すみません」と言った。

「なんだ、最初からそう言えばよかったのか」

春子さんと息子は、顔を見合わせて笑った。

一晩くらい起きていても大丈夫だという春子さんは、昼夜が逆転した剛さんに朝までつき合うことが幾度もあった。連日のように夜通し起きている夫に、いつまでつき合えるか不安だった。

小規模多機能型デイサービスを利用する

もうひとりでみるのは限界だと感じた春子さんは、地域包括支援センターで紹介してもらったデイサービスに相談することにした。以前、聖マリアンナ医科大学病院で診察を受けたときに、地元の地域包括支援センターに行ってデイサービスなどの介護サービスについて相談するように勧められていたのである。

地域包括支援センターで春子さんは、夫がまだ社会の役に立つと思っていることや、老人扱いされるのを嫌がるかもしれない、といったことを伝えると、センターの職員は小規模多機能型のデイサービスを紹介してくれたのである。

「ふれんどりぃの郷」という名のその小規模多機能型デイサービスは、利用者ひとりひとりに合わせて介護してくれるという。それでも不安だった春子さんは、デイサービスに自分も一緒に同行させてほしいと頼んだ。

「病気のために性格が変わってしまった主人が、デイサービスで大人しく過ごせるか不安でしたので、最初の三日くらい私も同行させてもらいました。そんなことを快く受け入れてくれるデイサービスもあまりないと思いますけど。デイサービスでは食事の支度を手伝ったり、散歩に出かけたりしました」

デイサービスでのいろいろな体験で、春子さんの不安は解消された。これなら安心してまかせられると確信できたのだ。

「できるだけ主人が過ごしやすい環境をと考えたら、見ず知らずの施設なんて考えられません。ちゃんと自分で確認して、これなら大丈夫という安心と信頼があって初めてあずけられると思います」

利用二日目の朝、デイサービスの送迎車が来る前に剛さんがいなくなった。デイサービスのスタッフは一緒に近所を探しまわってくれ、ほどなくして近所の家にいるところを無事保護した。目を離すと、あっという間に何かしでかす剛さんに、スタッフも気を引き締めて見守ることとなる。

それから春子さんはパートの都合に合わせて、自ら送迎するようになる。朝は六時半に剛さんを車で送って行き、夜は八時に迎えに行く。朝六時半に受け入れてくれるデイサービスはいったいどれほどあるだろうか。そんな無茶な注文も「ふれんどりぃの郷」は受け入れてくれた。

「生涯にわたり在宅介護をしてほしいと願って、あらゆる支援をしています。それゆえに少々無茶なことにもできるだけ対応するようにしています」と言うのは「ふれんどりぃの郷」の代表・筒井すみ子さんだ。

「きちっとマニュアルができて、それに沿って行動するデイサービスであれば、うちのような利用者は受け入れてくれないでしょうね。利用者に合わせるというのは、本当にたいへんなことだと思います」と春子さん。

「もう在宅での介護は限界ですよ、うちで面倒みます」

二月後半になると、夫はテレビや草花に対しても怒り、大声を出すようになる。春子さんも三男もくたくたに疲れていった。そんな春子さんの姿を見ていたのが、「ふれんどりぃの郷」の筒井さんだった。

「もう在宅での介護は限界ですよ、佐藤さん。ここからはうちで面倒みますから」

家では無理、でも病院や施設は心配――そんな家族のために、筒井さんはこれまでにも重度の要介護者を多く受け入れてきた。落ち着いたら、利用者はいつでも家に帰ることができるから、家族は安心してあずけられるのである。

こうして剛さんは、しばらくの間、「ふれんどりぃの郷」に宿泊することとなり、春子さんが「ふれんどりぃの郷」に毎日通って、夫と散歩したり、利用者の食事の準備を手伝うようになった。これだと夜はぐっすり眠れ、夫の怒りにおびえることもない。

「在宅介護ではありませんが、家にいるように介護ができるので、施設に入れているという感じはまったくありません」

筒井さんの想いは、最期のときまで在宅で介護してほしいということだが、どうしても無理なときは、「ふれんどりぃの郷」を家の代わりに使ってもらえればいい、ということだ。家族が無理なく介護できるようサポートすることに徹している。

でも、「ふれんどりぃの郷」が新たな住まいとなった剛さん、その過激な言動の矛先は、春子さんからスタッフに移っただけであった。夜から朝まで一睡もせず室内を歩きまわり、気にくわないことがあると、スタッフを怒鳴りつける。スタッフの藤尾さんは言う。

「夜中の二時頃でしたが、私のやることに腹を立てた佐藤さんは、テーブルの上に椅子を載せて自分はそこに座り、私には床に正座しろと言うんです。すごい上から目線ですけど(笑)。結局、正座させられました」

怒る理由は定かではない。剛さんが激しく動きまわるので、椅子にぶつからないように、先まわりして椅子を動かしたことが気に入らなくて、怒鳴りつける。また、怒ると窓ガラスを叩く癖があるので、藤尾さんが何気ない素振りで窓辺に立つ。それもおもしろくないと怒る。

「佐藤さんは、私たちに何かを伝えようとしていたのかもしれません。意思表示ができなかったので、激しい感情に変わってしまったのでしょうね」と藤尾さん。

夜中に動きまわるので、昼間はうとうとして所かまわず寝てしまうことがある。そんなときは玄関先だろうが、ソファだろうが、毛布をかけてその場で寝てもらう。寝不足解消と怒りを鎮める格好のチャンスであるからだ。

昼間、外に出て徘徊することもある。そんなときは、黙って後からついて行く。緩やかに傾斜している歩道では、車道側に体が寄っていくため、ときどき体を歩道の端に押し戻すこともやる。本当に危ないときはデイサービスに帰るよう誘導する。

「夫は〝余計なことをするな〟と言っていました」

その後、二、三週間のうちに、剛さんの病状は急速に変化した。一月に要介護二だったのが、四月には要介護四になってしまった。そんな状況でも、春子さんは一緒に毎日のように散歩に出かけた。

散歩に出かけると、春子さんは剛さんに元気を出してもらおうと歌を歌った。剛さんは黙って聞いていたが、いつしか一緒に歌うようになったという。不思議なことに、次第に上手に歌うようになっていった。

六月になると、相変わらず妄想を口走り、体調を崩すこともたびたびあった。それでも何かあればスタッフが春子さんともども病院に連れて行ってくれるので、春子さんは安心だった。精神的にも落ち着き、そろそろ家に帰れると誰もが思っていた。そんなある日、容態が急に悪化した。

夜中に具合が悪くなり、朝方になって意識がなくなった。すぐに救急車で病院に運ばれた。手足に点滴の針が差し込まれ、口からは酸素吸入管が差し込まれていた。

病院では、意識のないものの延命措置で何日かは生きつづけることができると言われた。

だが、春子さんはそんなことまでして延命させることを望まなかった。

「夫はよく、〝余計なことをするな〟〝無理に生かすようなことをするな〟と言っていました。そのことが頭にあったので、延命措置は選択しませんでした」

春子さんは、人の生死を決める選択が自分に課せられたことに、大きな戸惑いを覚えた。悲嘆の最中に生死の選択をさせられ、冷静に判断できる人がどれほどいるだろうか。だが、こうしたむずかしい判断をせまられることは少なくない。

春子さんは、そのことをいまも思い出す。本当にそれでよかったのか、自分は正しい選択をしたのだろうか、延命措置をとるべきではなかっただろうか。さまざまな想いが駆けめぐる。

それでも、やっぱり自分の判断はまちがいではなかったと思うのは、夫が生きている間に言った「余計なことをするな」という言葉だった。その言葉がなければ、痛々しい管や点滴をいつまでも見つづけ、明日をも知れない生命におびえて暮らしていただろう。

アルツハイマー発症後、六カ月という短期間で一気に人生を駆け抜けた剛さん。まさに剛さんらしい最期だった。春子さんは、「あれでよかったんです」と、自分に言い聞かせるように静かに語った。

◇ひとくちアドバイス

在宅のような施設サービス

小規模多機能型デイサービス

通常のデイサービスは、大きな施設に多数の利用者がいて、いかにも介護施設といったふん囲気だが、小規模多機能型デイサービスは、正式名は小規模多機能型居宅介護というが、一般の民家が活用され、利用者も一日一五人以下の定員と定められ、泊まりも九人以下となっている。

利用者はまるで自分の家のような感覚で過ごすことができる。介護内容としては、入浴、食事、機能訓練、レクリエーションなどで、利用者が自立した生活を営めるようにするという方針が定められている。デイサービスのほかに訪問と宿泊(ショートステイ)も可能で、地域密着型の在宅介護サービスとして全国で利用されている。

つぎのような点が特徴である。ケアプランを毎月作り直す必要がなく、必要に応じてデイサービス、宿泊などを決めることができる。月あたりの利用料が定額なので、費用が膨らみすぎない。また、急なプラン変更にも可能なかぎり対応してくれ、利用者の都合に合わせてくれる。

ただし、小規模多機能型を利用すると、他のデイサービスは利用できない。そのぶん契約する事業者が一つなので連絡などで面倒がなく、スタッフと顔なじみになりやすいという利点もある。そのほかに、介護保険による訪問介護や訪問入浴介護、通所リハビリテーション（デイケア）も利用できなくなる。またケアマネージャーが変わってしまうので、これまでつき合ってきた関係が切れてしまうことになる。小規模多機能型デイサービスは地域包括支援センターで紹介してもらえる。

一五年間の在宅介護

浜川倫子さん◎主婦
定年退職した夫、息子夫婦の四人家族

最初に夫の異常に気づいたのは、夫の妹だった。亡くなった義兄の初盆《はつぼん》に、看護師であった妹と里帰りをしたときのことだった。兄弟や親戚の名前を忘れたり、自分の持ち物を整理できない兄の姿に妹は驚いた。兄が精神的な病にかかっていることに気づき、病院で診てもらうことを強く勧めた。帰りの電車も、心配してわざわざホームまでついて来るほどであった。

夫は妹の言葉に従い、病院で検査をしてみたいと自分から言い出した。そして、すぐに検査のために入院した。検査の結果、アルツハイマー型認知症と診断された。一九九三年二月のことだった。

「まさかそんな病気になるなんて夢にも思いませんでした」

浜川倫子《みちこ》さんの夫、衛《まもる》さんは宮崎県えびの市の中学校を卒業して、一五歳で国鉄（現在のJR）に入社した。その後、夜間の高校と大学に通いながら仕事を続けた。兄弟が一〇人もいたので学費は自分で稼ぎ、家に仕送りもするという努力家だった。

やがて見合い話が持ち上がり、宮崎大学を出て地元の小学校で教師をしていた倫子さんと出会う。ふたりは互いに惹かれすぐに結婚した。同じ頃、衛さんは神奈川県へ転勤となり、ふたりは宮崎を初めて離れ、神奈川にやって来た。

その後、郊外に土地を購入し、小さいながらもわが家を建てた。最初は電気も水道も敷設されておらず、がまんの日が続いた。ふたりの息子に恵まれ、休日は息子たちを公園に連れて行ったり、庭づくりをするなど、郊外の暮らしを楽しんだ。

倫子さんは、子どもたちが幼稚園に入ると、園長から園の教諭になるよう誘われ、八年ほど勤めた。その後は、市のボランティア活動に積極的に参加し、老人ホームなどでさまざまな活動を続けた。

衛さんも仕事が休みの日は地元でボランティア活動に励み、一九八一年に地区の社会福祉協議会（社協）を立ち上げ、会長に就任した。社協の集会をするために自宅の地下を改修し、積極的に地域のために働いた。面倒見のいい性格で、自分よりもまずは他人という人であった。

就職の世話や困ったことにもよく相談にのった。何かあれば近所の人が「手伝ってほしい、助けてほしい」とやって来る。電気関係の技術者であったこともあり、その技術や知識が地域で重宝された。

定年後も技術を買われ、別の企業に就職し、八年も勤めた。休日は社協をはじめ、地域のために忙しい日々を送る衛さんは、家のことも何もかも自分で決め、倫子さんはすっかり頼り切っていた。そして、ふたりの息子も社会人となり、老後は順風満帆に思えたが……。

じつは倫子さんにも心当たりがあった。アルツハイマーの診断が出る前年の夏のことである。近くに住む弟が亡くなると、衛さんは憔悴《しょうすい》し、それを機に物忘れがひどくなっていった。イベント会場に出かけた夏の日、アイスクリームを買おうと衛さんをひとりで待たせておいた。遠くから様子を見ていると、衛さんはしばらくしてあたりを気にしはじめ、落ち着かない様子。その場を離れそうになり、倫子さんはあわててアイスクリームを持ったまま追いかけた。

「ボランティア活動にも積極的でしたし、何もかも自分でやる人でしたので、まさかそんな病気になるなんて夢にも思いませんでした」

大病もせず、人のために動きまわる人が、どうしてこんなことになるのか。倫子さんは、驚くと同時に悲嘆に暮れた。そして、そのギャップに戸惑うばかりだった。

「ここはおとうさんの家なんだから、どこに入ってもいいんですよ」

それでも衛さんは、それまでと変わりなく社協やボランティア活動を続けた。体は元気で、とくに介護するわけでもなかった。だが、徐々に記憶が途切れることが増え、奇妙なことを言いはじめた。妄想も出るようになった。

しばらくして息子たちが結婚。次男は結婚しても同居を続けたいと言ってくれた。次男と嫁は勤めていたが、何かと気にかけてくれ心強かった。

ところが、その同居で衛さんに異変が生じた。

「夫は、嫁が怖いと言うんです。何もしていないのに、毎日のように怖いと言うんです。ぜんぜん怖い嫁ではないのに、変だなと思いました」

原因は、自分が嫁の部屋にまちがって入るかもしれないという不安だった。

「夫の妹が、これからはお嫁さんも一緒に暮らすのだから、まちがえて部屋に入ったら駄目だよ」と言っていたのである。そのことを気にしていたようだ。

原因がわかると倫子さんは、誰の部屋かわかるように、各部屋の扉に名札を貼っていった。息子夫婦の名札にはふたりの名前を書いた。

だが、その名札があることさえ忘れ、夫は「怖い、怖い」と言いつづけた。

困り果てた倫子さんは、みんなで話し合いをすることにした。最悪の場合、息子夫婦には家を出て行ってもらおうとも考えていた。息子は嫁に、しばらく父に会わないようにしたほうがいいのでは、と言った。しかし、嫁の考えはちがっていた。

「おとうさん、ここはおとうさんの家なんだから、どこに入ってもいいんですよ」

その言葉に、衛さんは胸のつかえがとれたかのように、翌日から「怖い」と言わなくなった。

「もう感謝しかなかったですね。同居してくれたこと自体、感謝なのに、そんなことを言ってくれるなんて……」

それからは、どの部屋も夫が自由に出入りできるよう鍵もかけなかった。電話も自由に出るなど、すべて衛さんを中心に考えるようにした。

自分でやれることは、やれるまで続けてもらおう、と倫子さんは決心した。いままでなんでも自分でやってきた夫には、自分でできなくなることがもっとも辛いことだと、倫子さんには思えた。

だが衛さんは、ひとつの不安が解決すれば新たに別の不安が生まれてくる。今度は自分の椅子がない、と言い出した。ダイニングテーブルにつくと、自分の椅子に座っているにもかかわらず、「俺の椅子がない」と怒った。

イライラが募る毎日。ある日、結婚して家を出た長男の部屋で、衛さんは部屋の様子がいつもとちがうと言い出した。いつもとちがってなどいなかったが、「ちがう、ちがう」と何度も繰り返すので、つい倫子さんは「寝ぼけているのでは！」と、言ってしまった。

それを聞いた衛さんは、拳を壁に力一杯に叩きつけ、ハアハアと苦しそうに息をし、震えはじめたのだ。すぐに手を握って謝ると、手を振りほどいて怒ったまま、長男の名前を呼びつづけた。

他人に対して、何かと怒りっぽくなっていくことに、倫子さんは、「自分の力が衰え、人の手を借りなければならなくなった焦りや不安からくるイライラだったと思います」と言う。

その後は、できるだけ夫の自尊心を傷つけず、言葉に注意していこうと思うようになった。

夫とふたりで世界各地へ海外旅行する

倫子さんには、夫が元気なうちに一緒にしてみたいことがあった。それは海外旅行である。それを決意させる出来事が一九九四年一一月に起きた。レーガン元米大統領がアルツハイマー病であることを手紙で告白し、世界中を驚かせたニュースである。そのニュースを見た倫子さんは、大きな勇気をもらったような気がした。

「なんと勇気のある人でしょう。こんな人がいる世界を見てみたい」

倫子さんは、強くそう思ったという。そして、すぐに元大統領に手紙を書き、勇気をもらえた感謝と励ましの言葉を贈った。

それからというもの、倫子さんは夫を地道に説得していった。衛さんは渋っていたが、翌年、倫子さんはついに初めての海外旅行へ衛さんとともに旅立った。

シンガポールを皮切りに、ハワイ、ヨーロッパと、五年間でいろいろな国を旅行した。シンガポールの旅では、狭い飛行機の中で不安になり、家に帰りたいと言い出した。夜の動物公園では足が止まってしまった。初めての海外旅行は何かとストレスだったようだ。

つぎに行ったハワイでは、倫子さんが手をつないで海に入ると、衛さんはそれまでおびえていたことを忘れ、倫子さんの手を離して泳ぎはじめた。その後、グアム、サイパンでも泳いだ。サイパンには長男夫婦も同行してくれ、衛さんの面倒はすべてみてくれた。

「治る見込みのない病気の夫とともに行く旅行は、思い出づくりでもありました。荷物を持って、夫の手を引いて、それはもうたいへんでした。トイレもひとりで行けないんですから。ツアー客の中には親切に夫をトイレに連れて行ってくださる方もいて、嬉しかったです」

倫子さんはヨーロッパでぜひ乗ってみたい乗り物があった。

「夫がＪＲの研究所にいた頃にかかわったのがヨーロッパの新幹線でした。それに夫と一緒に乗るのが夢でした」

スイスとフランスを結ぶＴＧＶと呼ばれる新幹線に、ようやくふたりで乗ることができたのである。

エルサレム宮殿では、予想外のことが起きた。夫が宮殿に入りたくないと言い出したのだ。何か不吉な予感がしたのだろうか、急に宮殿を怖がり入ろうとしない。仕方なく、庭園だけを見て帰った。

こうして楽しい思い出ができた倫子さんは、その後のたいへんな介護もなんとか乗り越えていったのである。

トイレで夫と一緒に歌ったりもした

そうした一方で、一九九八年に、衛さんはとうとう社協の会長を辞めると言い出した。そして最後の挨拶では、「この街に住んで良かったと言ってもらえるように、これからも頑張ってください」と言った。もはや、自分の体が思うようにいかないことを悟ったのだと思った。

その頃から、衛さんは妄想、幻覚、徘徊が激しくなり、寝る間もなかった。失禁もあって排尿の意識が薄れていたが、紙オムツには倫子さんも抵抗があった。

しかし、倫子さんは自律神経失調症になるなど、もはや自分の体は限界に近く、朝起きることも困難だった。そして、とうとうデイサービスやショートステイの利用を仕方なく決断した。

入所中、寝るときだけは紙オムツにしたが、衛さんはそれを取ってしまうので、尿が漏れてベッドを濡らしてしまうことが多かった。施設の助言で、パジャマにファスナーを取り付け、上下をつなぎとめた。オムツに手が入らないので、これでなんとか尿漏れはしなくなった。夜、漏らさなくなったことで、寝る時間がどうにか確保できた。

歩行困難の時期を迎え、便の制御ができなくなると、トイレで食事をしてもらうこともあった。気長にトイレで尿や便が出るのを待ち、ときにはトイレで夫と一緒に歌ったりもした。こんなことでいいのか、と自問自答しながらの介護だった。

「旦那さんのためにも、頑張りすぎは駄目」

デイサービスやショートステイにあずけても、倫子さんの気が安まることはなかった。あずけたことにどこか罪悪感があり、片時も夫のことが頭から離れなかったのだ。

そんなとき、認知症の専門医が開催する講習会に参加した。

そこで語られた医師の言葉が、いまも倫子さんの胸の奥に大切にしまわれている。

「人生の終着期に立った人は、何かをすることは無理でも、生きていることの尊厳性をもつことができる。だから存在することが大事なんです」（長谷川和夫医師）

ただ生きていることだけで素晴らしい――それは、自分と夫に向けられた言葉のように聞こえた。存在することの大切さ、それは自分を大切にしろという意味でもある。夫だけを考えて生きてきた倫子さんは、自分という存在も大切にしなければいけないと思うようになる。

また、長谷川医師の「介護は七〇パーセントの力でやればストレスは減ります」という言葉に、肩の荷がスーっと下りたような気がした。

それから倫子さんは、介護者の会にも出かけ、介護仲間と知りあうようになる。介護仲間には、「旦那さんのためにも、頑張りすぎは駄目。自分の負担を減らさないと」と言われた。同じ介護をしている仲間の言葉は嬉しかった。

二〇〇〇年に介護保険が始まると、デイサービスは週一回から四回に、ショートステイも月に四、五日に増やした。それによって、一気に負担が軽減していった。衛さんはもともと社交性があり、大勢の人と会うことを楽しんだ。送迎スタッフに「お気をつけて帰ってください」と、まるで医師が病人に言うような口調に、倫子さんは笑った。

訪問医師、看護師、ホームヘルパーの利用で在宅介護

アルツハイマー発症から七年経っていた。衛さんは自分で歩くことがむずかしくなり、車椅子での移動となる。そのため、住宅を改修し、障害者手帳も取得した。自動車も車椅子のまま乗れるものに買い替えた。道路から玄関までは階段昇降機を取り付けた。

それでも衛さんは歩くことをあきらめようとはせず、ヘルパーの力を借りて懸命にリハ

ビリを続けた。何事も自分でやり遂げるのが衛さんの信条であり、それは要介護五であっても同じだった。

ヘルパーには、日曜日を除く毎日、朝と夕方に来てもらい、体を動かしてもらった。衛さんは腸閉塞を起こしたこともあり、体を動かすことが大切と言われていたからだ。朝は、ベッドから起こしてポータブルトイレで排便、排尿し、オムツ交換。着替えを介助して、ベッドの部屋から居間まで歩行訓練。その後、車椅子に乗ってデイサービスに送り出す。

男性ヘルパーは手馴れたもので、楽しい会話をしながら介助してくれ、少しずつ歩けるようになっていった。男性ヘルパーの数が少ないのが現状だが、体力のある男性だからこそ、衛さんのリハビリに力を発揮してくれたことは確かだ。

こうして残り少ない力で、なんとか頑張っていた衛さんだったが、ついに二〇〇八年五月、肺炎を患い入院してしまう。その入院と同時に、突然、倫子さんも左脚膝下がまったく動かなくなり、すぐに入院することになった。動脈硬化になっていたのだった。結局、カテーテルとよばれる細い管状の治療器具を、太腿の付け根に穴をあけて血管へ通し、硬化している動脈まで到達させて治療をおこなう手術がおこなわれた。

一二日間の入院生活の後、倫子さんは無事退院。落ち着いたところで衛さんの退院も申し出た。ケアマネージャーを中心に、医師、訪問看護師、口腔ケアの看護師、ホームヘルパーなどに協力を仰ぎ、在宅介護を再開した。

退院は奇しくも夫の誕生日である七月二六日。その夜は、家族でささやかな誕生日パーティを催した。

「よかったですね、家に帰ってこられて」

そう倫子さんが声をかけると、衛さんは「うん、うん」とうなずいた。そして、その一週間後、夫は眠るように穏やかに息を引き取った。一五年にわたる在宅介護だった。

◇ひとくちアドバイス

実際の介護で頼りになる

ホームヘルパー

重い男性を車椅子に移動させたり、通院時に車やバスの乗降を介助するなど、在宅介護ではどうしても人手がほしい場合がある。そのようなときに手伝ってくれるのがホームヘルパーだ。掃除や洗濯といった家事援助と、食事や排泄などの身体介護を依頼できる。

ただし、家事援助はひとり暮らしや、家族が障害や疾病をもち、やむをえない事情から家事が困難な場合といった条件がある。また、本人ではなく家族のための掃除や洗濯、買い物などの用事は依頼できない。たとえば、草むしり、花壇の水やり、犬の散歩など、ヘルパーがおこなわなくても日常生活に支障がない行為は依頼できない。さらに、日常的におこなわれる家事の範囲を超える行為として、家電の移動、修理・修繕、大掃除、窓ガラス磨き、特別な調理なども依頼することができない。

ホームヘルパーを依頼できるのは、要支援一、二と要介護の人。通院時の乗り物の乗降介助は要介護一以上となる。要介護一～五の人は、ケアマネージャーと相談してサービスの具体的な内容を決めていく。費用はサービスの内容と時間によって異なるので、一度、ケアマネージャーに算出してもらっておきたい。

ホームヘルパー以外にも、訪問入浴介護、訪問看護、訪問リハビリ、食事の宅配サービスなど、さまざまな訪問型サービスがある。ホームヘルパーや他の訪問サービスについては、地域包括支援センターや訪問介護事業所で相談するとよい。

したくても踏み切れない在宅介護

斉藤邦子さん◎主婦
定年退職した夫と二人暮らし

神奈川県の郊外で暮らす斉藤邦子さんは、定年退職し畑作業を楽しむ夫の俊夫さんとともに平穏に毎日を過ごしていた。

二〇〇八年三月、その日の午前中、夫は里芋の植付け準備のため畑作業に出かけて行った。昼過ぎ、板を四枚ほど均等に切ってくれと頼み、切り終えた頃に見に行くと、切りっ放しの板が散乱していた。いつもならきれいに片付ける夫が、その日は散らかしたままにして、コタツで横になっていた。

いつもと様子がちがう、と邦子さんは感じた。

夕方になると俊夫さんは「頭の痛みがいつものとちがう」と言う。邦子さんはすぐに救急車を呼んだ。

大学病院で検査した結果、脳出血であることがわかった。搬送が早かったこともあり、命に別状はなかったが、それでも半身麻痺《まひ》状態となった。

一カ月ほど入院してリハビリテーション病院に転院した。まったく動けないので、ストレッチャーでの搬送だった。それを見た邦子さんは、先行きが不安でならなかった。

半身麻痺だった夫がリハビリで歩けるように

新しい病院では、朝起きて、寝間着から動きやすい私服に着替えることからリハビリだった。体幹に障害があり、寝返りや座ることはできないが、私服に着替え、車椅子に乗ることができるようになった。そんな姿を見た邦子さんは、嬉しさが込み上げてくるようだった。

食べる練習もおこなった。自分で食事をとることができるようになり、鼻から栄養剤を送るチューブも取り去った。支えてやれば立ち上がり、歩くこともできるようになった。すでに転院して三カ月が過ぎていた。

邦子さんは、リハビリの凄さと大切さを学び、担当医たちに心から感謝した。

退院して自宅に帰ってからも、寝返り、座位は相変わらずできなく、おまけに尿意も感じないという日々が続いた。リハビリをしてくれるデイサービスを利用し、ホームヘルパーのサービスも利用し、回復をめざした。

自宅に帰って来たことで気分が落ち着き、俊夫さんは明るく振る舞うことができるようになっていった。できなかったことができるようになり、もう少し頑張ればもっともっと楽になると思うようになった。それが……。

脳出血と脳梗塞を併発、療養型病床へ転院

二〇〇九年一一月のこと、食事の最中に俊夫さんが箸を落とした。握り方がおかしい。医師に連絡すると、脳梗塞の疑いがあるから救急車を呼ぶようにと言われ、すぐに救急車で大学病院に行った。

検査の結果、再び脳出血であった。そのときは少量の出血だったため、すぐに退院できると言われ、邦子さんは楽観的に考えていた。しかし、二日後に容態が急変した。

検査をしたところ、今度は脳梗塞が見つかった。出血と梗塞の両方で治療がむずかしく、脳へのダメージも大きかった。体を動かすことはもとより、話すことも、食事を飲み込むことも困難になってしまった。

大学病院は一カ月で転院しなければならなかった。今度もリハビリテーション病院へ行

くものと思っていたが、大学病院で紹介された病院は脳外科の医者がいないうえ、リハビリもなかった。

前回のリハビリの効果を知っていた邦子さんは、嚥下《えんげ》障害や言語障害のリハビリができる病院探しに奔走した。だが、なかなか見つけることができず、ならば自宅近くの病院に夫を入院させようと考えた。

その病院は療養型病床があり、退院をせまられることもない。だが脳外科もなく、希望したリハビリもなかった。邦子さんはそれでも毎日病院に通い、夫の手足をもんだり、ベッドで座位させ、口、肩、首などをマッサージした。俊夫さんの気分が良いときは、蜂蜜を唇に塗って舐《な》めさせた。以前、リハビリテーション病院に入院していたときの個人相談で、夫に嚥下障害があり飲み込みができないため、食べる練習をさせたいが気管に入るのが怖くてできないと伝えると、「棒のついた飴、あるいは蜂蜜を舐めさせたらいい」と教えてくれたからである。

邦子さんは、なんでもやるだけのことをやって、夫を早く家に連れて帰りたいという想いだった。

入院して三カ月くらいまでは、俊夫さんはリハビリをするために車椅子に毎日三〇分ほど座っていることができた。家に帰りたいかと聞けば、「うん」と言ってうなずいた。しかし、いまでは何も答えなくなってしまい、車椅子にも座れなくなってしまった。

「また入院できるという保証はありません」

在宅介護へ踏み出すことができなくなりつつある、と邦子さんは言う。在宅で、栄養を鼻から経管注入する行為がちゃんとできるか、排便の処理は、床ずれを防ぐための体位変換は……、忙しさは一度目の脳出血の後の在宅介護とはくらべようもないだろう。

冷静に考えれば、本当に在宅で介護できるのか不安になる。

しかし、それでも一カ月だけでも家に帰してあげたいのが、邦子さんの本音だ。それができないのは病院のことである。

「いったん退院したら、また入院できるという保証はありません。こんな状態で長期に受け入れてくれる病院を探すのはむずかしいと思います」

病院は、空きがなければ当然入院できないし、ちがう病院に入院しても、面倒な検査や手続きがある。知らない土地に通うことも体力的にきつくなるだろう。さまざまな要因が在宅介護に踏み切れない理由となっている。

当初は意気込んでいた邦子さんだが、在宅介護はもうあきらめるしかない、と自分に言い聞かせているようでもあった。

女だって介護はたいへんなのだ

介護をしていて、ひとりで悩む人は多い。パートも辞めなければならないケースが多いし、買い物もゆっくりはしていられない。いろいろなことをやめて、家に閉じこもることになる。そんなときに頼りになるのが、介護仲間である。

邦子さんは、市役所で勧められて、介護者が集う会に顔を出した。そこには同じように脳梗塞の夫を介護する人や、認知症の親を介護する人たちがいた。徘徊の話を聞くと、自分はまだましだと思えた。

いままで介護など縁のない話だと思ってきたが、定例会に出席すると、介護している人が世の中にたくさんいることに気づいた。自分ひとりではない、そう思えることが心の救いとなった。

その介護者の会で、邦子さんはある男性からこう言われたという。

「旦那さんをみておられるけど、うちは女房をみているんだ。お宅は旦那でよかったね、うちのように妻を介護するのはたいへんなんだよ」

邦子さんは腹が立った。その男性は、家事などで自分がこれまで体験したことのない苦労をしているにちがいない。だが、女だってたいへんさは変わらない。家事は慣れていても、介護は慣れていない。どっちがいいなどということはないのだ。介護の実際は、それぞれの家庭でまったくちがう。

邦子さんは、一年前に介護者の仲間と出会い、人口二万人の小さな町の中に多くの介護者がいることに驚いた。そして、人それぞれに異なる悩みをもち、似たような問題を抱えていることを知った。

女の介護は楽とか、男の介護は辛いとか、そんな決めつけはできるものではない。人それぞれの事情があり、十把ひとからげに扱うことのできる問題ではない。個々の介護者がそれぞれ重い荷を背負って生きているのだ。邦子さんが夫を在宅介護する見通しはまだ立っていない。

◇ひとくちアドバイス

療養のために長期入院できる
療養型病床

一般の病院は治療が目的なので、治療が終了すれば退院することになる。それも現在は短期入院が基本だ。それに対して療養型病床は、治療が終わり、急性期を過ぎても長期療養が必要と認められればそのまま入院できる。あくまでも療養が目的なので、入院期間は各施設の判断によって異なり、三カ月ぐらいのところから、とくに期間を定めていないところまでさまざまある。

療養型病床には医療保険適用の「医療型」と介護保険適用の「介護型」がある。正式には、前者が「医療型療養病床（医療療養病床）」、後者が「介護療養型医療施設（介護療養病床）」という。療養型病床の大多数が一般病院から転換したため、外見上は病院とそれほど差がなく、外来もおこなうために一般にはわかりづらい。

二〇〇六年の法改正で介護型の病床が大幅に削減され、二〇一二年三月には廃止の予定であったが、現在のところ延長され、二〇一七年度末までに全廃という方針になった。同時に、介護療養型医療施設の新設も認められなくなった。廃止までの受け皿として、介護療養型老人保健施設（療養型老健）という制度が創設されたが、こちらに移行した施設はまだまだ少ない。また、三八万床ある療養型病床のうち、一五万床程度が医療型の療養病床になり、二三万床が介護老人保健施設やケアハウス等居住系サービスへ転換するものと考えられる。

Ⅱ

義理の父母の介護

仲良しだった義母の暴言

涌井教子さん◎主婦
会社員の夫、息子二人、義母の五人家族

涌井教子《わくいのりこ》さんは、夫、息子ふたり、そして義母の五人家族。夫、晴之《はるゆき》さんとふたりの息子は会社員、教子さんはパート勤めで、義母のサト子さんが留守番をしてくれていた。

一九九一年になって、それまで住み慣れた土地を離れ、より環境の良い郊外へと引っ越した。しかし、この頃から義母サト子さんの言動がへんになりはじめた。サト子さん八五歳のときだった。

かくしゃくとしていた義母が物忘れ、作り話、妄想

「今日は何をしてたの、おかあさん」

いつものように勤めから帰ってきた教子さんが訊ねた。すると、サト子さんは「お寺に

歩いて行ってきたの」と言う。

お寺というのは横浜にある菩提寺で、月に一度お参りしている寺のことだ。しかし、電車で一時間もかかる距離である。義母の足で歩いてなど、とうてい行けるはずはない。

その後も、遠方にいる叔母の家に行ってきたとか、通りがかりの男の人にいきなり蹴飛ばされた、などとたびたび話すようになる。

サト子さんは元気に歩き、かくしゃくとしていたため、教子さんは認知症になるなど夢にも思っていなかった。呆けたかもしれないと思い、すぐに病院に連れて行った。

病院では、CTスキャンによる検査がおこなわれた。しかし当時は、脳に異常が見つからなければ、たんに「老人呆け」といった診断を下されることがめずらしくなかった。医者には「年相応の呆けだから心配ない」と言われてしまう。

しかし、その後、物忘れ、作り話、妄想などがあらわれるようになる。あるときは、ガスコンロの火を消し忘れて鍋を焦がし、それを捨てに外に出たところを近所の人が見て、教子さんに知らせてくれたこともあった。

翌年、教子さんはサト子さんをひとりにしておけないと、仕事を辞めて自宅で介護することにした。夫の晴之さんは感謝したが、いちばん安心したのは教子さんだった。義母の側にいることで教子さんは「これで、毎日心配しなくてもよくなりました」と言う。ひとりにしておくとサト子さんが何か危険な目に遭うのではないか、という不安を教子さんはつねに感じていたのである。

「バカヤロー、あほんだら、とりやがった」

サト子さんは外出するのが大好きで、その後も、友人と会ったり、外で食事をしたり、花を見に散歩をしたりと盛んに出歩いた。外に出るとサト子さんは、とたんに生き生きとしてくる。教子さんはそんな義母といつも一緒に行動した。

だが、目を離すとうっかり転んで骨折し入院したこともあった。入院してもベッドから落ちたりと手を焼かせたが、体力があったため回復も早く、寝たきりになることはなかった。

上品な物腰で楚々《そそ》とした印象のサト子さんは、外ではよく「上品なおばあさん」と見られる。ところが認知症が進んでくると、上品だった義母からは想像できないような汚い言葉が出るようになった。

「バカヤロー、あほんだら、とりやがった、捨てやがった、隠しやがった――」

それまで聞いたことがない言葉が、教子さんに浴びせられた。

「本当にショックでした、まるで別人のようでした」

そのうちサト子さんは身のまわりのことができなくなっていく。洋服や下着の整理ができなくなったので、箪笥《たんす》の引き出しに「ブラウス」「下着」「パジャマ」「靴下」と書いた名札を貼った。しかし、次第にサト子さんは片付けようという意欲もなくなり、やがて箪笥の中身をすべて取り出し、そこらじゅうに放置するようになる。ストッキングやスカーフなどの長いものは体に巻きつけてしまうようになったため、それらを使わせないようにした。

夫の晴之さんはくも膜下出血で入院したことがあり、介護に協力してくれとは言えなかった。また、夫の妹も他県に住んでいたため、教子さんからは何も言えずにいた。

「会社を辞めて全部、自分が背負うつもりでしたから、家族に手伝ってもらおうとは思いませんでした」

また、近所の人には「おばあちゃん、しっかりしてるね」と言われていたことも、うかつに他人に相談できない原因であった。他人からは達者に見えるため、サト子さんの異変を口にしても誰も信じてくれるはずもなく、たんなる嫁の愚痴としか思われない、と教子さんは考えてしまったのである。

介護サービスが乏しい時代に、義理の母を介護する妻の多くは、こうした理由から愚痴の一つも言えずに耐えつづけてきたといえる。

大腿骨骨折で急速に衰える義母

少しずつ進行するサト子さんの認知症と衰えていく体に、追い討ちをかけたのが大腿骨骨折という事故であった。サト子さんは半年間の入院生活を送り、状態は一気に悪化していく。入院中はベッドから二度も落下して、目の上を縫うけがをした。落ち着きがなく、いつも体を動かそうとするので、囲いのあるサークルベッドに取り替えられてしまった。入院の間、教子さんは毎日病院に行き、付き添った。

退院後は、一気に認知症が進んだ。家の中を徘徊していろいろなところにぶつかり、転倒し、這いずりまわる。家では低いベッドなので落ちても心配はなかったが、その代わりアザやコブが増えた。そのため部屋の角ばったところにはクッションをあてがった。

教子さんは、サト子さんの後からついてまわり、目を離すことはできない状態だった。いざというときは支えてやらねばと、気が気ではなかった。

幻覚、暴言も増え、仏壇の花を食べることもあった。物を隠すことも習慣のようになった。

「お漏らしをするようになったので、オムツにしていたのですが、そこに入れ歯を隠すんです。なんでもオムツの中に隠しました」

そのオムツも夜中に外したり、パジャマを脱いだりするようになる。さらに、タオルケットや毛布などをしゃぶり、ベトベトにしてしまう妙な症状も出てきた。そのたびに教子さんは何度もオムツを直し、パジャマを着せ、タオルケットを交換しなければならなかった。頻繁に繰り返すこうした行動に、教子さんは心身ともに疲れていった。

夫が「オムツでもなんでも手伝うから」

そんな中で、嬉しかったのは教子さんの夫、晴之さんの言葉だった。サト子さんが退院した直後に、「オムツでもなんでも手伝うから」と言ってくれた。

教子さんだけに苦労はさせまいと、晴之さんがついに協力してくれるようになったのだ。

「そう言ってくれただけでも救われた気がしました。しかも、ちゃんと実行してくれました。息子が実の母親のオムツを替えるのには葛藤があると思います。そういう意味で、本当に感謝しています」

それから毎朝、母親のオムツ交換をしてくれるようになった。

晴之さんは休日を利用してケアセンターの介護教室にも通い、オムツ交換をはじめとする介護の基礎を学んで、母親の介護にあたった。便が硬く、摘便しなければ出ないときも、夫が処置を施してくれた。

息子たちもまた、よき協力者であった。オムツを交換する際、手でオムツを触ろうとするサト子さんの手を握っていてくれたり、トイレに連れて行ってくれるなど、教子さんの介護を補助してくれた。

さらに、協力者がもうひとりいた。夫の妹である。介護とは無縁だった妹に家に来てもらい、サト子さんを一晩だけみてもらった。妹は一泊しただけであったが、母親の病状と介護のたいへんさを理解してくれた。その後、何かと協力してくれるようになり、月に一度泊まりに来るようになった。

「現状を見てもらうことが一番の理解につながるんですね。友人たちと会うときも、家に来てくれるように頼みました。そうすると友人たちは認知症を理解してくれ、私も気持ちが楽になって話しやすくなりました」

隠すのではなく、見てもらったほうが人は理解してくれるものである。教子さんは友人たちと外で会うときも、必ず義母を連れて行った。

「できないと思っている人も、そのときが来れば」

介護を始めて九年目の二〇〇〇年に介護保険制度がスタートすると、デイサービスや他のサービスが受けられるようになった。介護保険が始まる前にもデイサービスとショートステイは利用していたが、今度は週二回のデイサービス、週一回の訪問看護、月一回のショートステイを利用した。

教子さんは「介護者の家族の会」に誘われ入会した。そこでは同じように介護で苦労している同年代の人が多く、自分の悩みを理解してくれた。会の人に勧められ、ヘルパー二級の講習も受けた。三カ月間、毎週土日におこなわれた講習会に参加して資格をとった。その間、夫が介護をしてくれた。

「主人が自分の母を介護できたことは、主人にとっても最後の親孝行ができたわけですから、本当によかったと思っています。私は実の母を介護できませんでした。それって寂しいですよ。本当は自分の母はやっぱり私がみたかった」

教子さんは、無理にでも夫の妹に泊まってもらったからこそ、いまの良い関係があると考えている。

「いくら親子でも、やっぱり介護だけは経験しないと本心から理解できないでしょう。一度でもいいから経験してくれれば、理解してもらえると思います。夫や夫の兄弟が理解がないようなら、一晩泊まってくれるよう頼んでみるといいですね」

介護をした経験のない人は、「私にはできない」と言うが、教子さんはそうは思っていない。

「できないと思っている人も、そのときが来ればやると思います。夫が認知症になったら、やるしかないんです。母がそうなれば、やるしかないんです。どうせやるならひとりで頑張らず、まわりに協力してもらえるようにすることが大切です」

下の世話も「たいへんですね」と言われるが、便秘で苦しそうにしている義母を見たら、早く出てくれと祈ったと教子さんは言う。どんなに臭くても、汚くても、出てくれたときの嬉しさのほうが何倍も大きいからだ。

当初は嫌がった夫も、教子さんでもできなかった摘便をやってくれた。便秘になれば摘便して堅くなった便を取り除く。一度、堅い便を取り出すと、その後から柔らかい便が一気に排出され、おびただしく広がる。それでも、教子さんも夫も「よかった」と安心するという。

いまも義母のことを思い、涙ぐむことも

結局、湧井教子さんは義母を九年あまり、在宅で介護しつづけた。最後には流動食となったが、サト子さんはそれまではよく食べてくれたという。いつも食欲があり、食べ終わってもすぐに催促し、「おかあさん、まだ食べたい」と言う。

サト子さんはどういうわけか教子さんのことを、「おかあさん」と呼ぶようになっていた。サト子さんは、自分のことを教子さんの子どもと思っていたようだ。

二〇〇〇年の秋にサト子さんが亡くなると、教子さんに精神的な異変が起きた。つねに一緒にいた義母がいなくなったことで、心が崩れていくようだったという。ホッとした部分もあるが、寂しさのほうが勝っていた。

「義母《はは》がいとおしかったんです」

もともと仲が良かったふたりだから、義母がいないことなど考えようもなかった。教子さんの中にぽっかり空いた穴は半年以上も埋まることはなかった。

「義母《はは》は、私がいなければ生きていけなかったんです」

それほど一生懸命に介護してきたことで、教子さんは、「ロストシングル」や「燃え尽

き症候群」と呼ばれる症状になったと考えられる。ロストシングルとは老老介護などで要介護者が亡くなって、ひとりぼっちになること。燃え尽き症候群とは、献身的に努力した人が期待した結果が得られなかったとき、何もする気がおきなくなる症状で、ビジネスマンに多く見られるものだが、介護の世界でもよく使われる言葉である。

こうした状態を回復させるには、休養をとって、家族や友人がやさしく見守っていくことが大切となる。いまも義母のことを思い、涙ぐむこともある教子さんだが、夫と子どもたちに支えられ、どうにか乗り越えた。介護を終えた人の心のケアについて、診てくれる専門家もあまりいないのが現状である。まわりの人がいかにサポートするかが鍵を握っているようだ。

◇ひとくちアドバイス

悩みやストレスを抱え込まないで

介護者の心のケア

それまで長年つきっきりで介護していた夫や親が亡くなってしまうと、介護者はひとりぼっちとなり（ロストシングル）、精神的に立ち直れなくなる場合がある。愛情が深いほど、残された介護者の心のダメージは大きく、それが認知症やうつ病、さらには孤独死へとつながる可能性もある。男性にその傾向が強いという指摘もある。

こうした介護者へのメンタルケアはあまり進んでいないのが現状だ。ひとりぼっちでいないようにすることが大切だが、それができない場合、行政や病院で相談してみるとよいだろう。最近は「介護・こころのケア相談」といった相談窓口を設けている行政が多いので、一度、尋ねてみてはいかがだろうか。

また、現役で介護を続けている介護者の心のケアも重要だ。介護の悩みを誰にも話せず、不安とストレスを抱えて悶々とした日々を送るといった人が少なくない。介護の相談は一般の人にはなかなかできないもの。同じ介護者同士でなければわかってもらえないことが多い。できれば「介護者の会」のような会合に加わることをお勧めする。きっと介護仲間が心の支えとなってくれるだろう。

義理の両親を同時に介護

山川裕子さん◎農家の主婦
農業の夫、息子二人、夫の両親の六人家族

山川裕子さんは農家の嫁。もともと都心の住宅地で生まれ育った裕子さんは、それまでの環境とはまったくちがうものであったが、物怖《ものお》じすることがない性格が幸いし、田舎暮らしに慣れていった。夫和夫さんとふたりの息子、そして夫の両親の六人で暮らす。

裕子さんは農作業を手伝いながら、家事と子育てをこなしていた。周辺は田畑の多い山間部でも、住まいは現代的な建物に建て替え、不便なく忙しい毎日を送っていたのだが……。

先に異変が起きたのは、八〇歳の義母のほうだった。もともと高血圧だった義母の民子さんが、ある日、軽い脳卒中を患い、近所で転んでしまった。寝たきりになりかけたが、散歩や運動をしてリハビリを続けなんとか回復してくれた。

誰もが民子さんは全快したと思った。だが、実際はそうではなかった……。

義父が脳梗塞、義母が認知症になってしまう

義母民子さんの退院から半年ほど経った頃のことである。裕子さんが部屋にいる義父の紀夫さんの様子を見に行ってみると、紀夫さんはうつ伏せで、よだれを垂らして寝ていた。様子がおかしいと思った裕子さんは、仰向けに寝かせて介抱した。しかし、紀夫さんはろれつがまわらず、意識がもうろうとした状態。裕子さんはすぐに救急車を呼んだ。

紀夫さんは脳梗塞になっていたのである。しかし義母の民子さんは、そんな紀夫さんの異常事態に気づかなかったのだ。結局、二週間ほどで紀夫さんは退院できたが、そのときからオムツが必需となり、介護が必要となった。

紀夫さんの入院中、裕子さんは毎日のように病院に通い、リハビリの介助をした。だが、皮肉なことに、紀夫さんの介助に追われているうちに、民子さんが認知症になっていた。

「病院から帰ってきたとき、あたりはすっかり暗くなっていましたが、家の中では電灯を点けず、窓も開けっ放しで義母《はは》が寝ていたんです。びっくりして起こしましたが、そのときは認知症だとは思いませんでした」

いまにして思うと、それが認知症の症状が端的にあらわれた最初だったと、裕子さんは

言う。

退院日、裕子さんは病院から紀夫さんを連れて家に戻ってきた。民子さんには今日が退院する日だと知らせていた。家でてっきり待っているとばかり思っていたが、民子さんの姿はなかった。急いで捜しまわると、裏の畑で草取りをしていた。

「義母《はは》は義父《ちち》に会いたくないようでした。だから野良仕事に出かけたみたいです。その後も義母は義父を避けるように、毎日のように草取りや野良仕事をしていました」

「お金を盗ったと言われるのは、本当に辛かった」

その後、民子さんにはさまざまな症状があらわれ、裕子さんを悩ませた。とくにお金のことで妄想めいたことを口にするようになった。

「義母《はは》は自分の財布をどこかに隠すようになってしまい、その隠した場所がわからなくなって、誰かに財布を盗まれたと言い出しました。それで『犯人はお前だ』と、私に面と向かって言うんです。とにかくお金がないと騒ぎ出すので、天井からお札を紐でぶら下げたり、大きながま口の財布を買い与えたりして、できるだけお金のある場所がわかるようにしてあげました」

その買い与えた財布もまた、民子さんはどこかに隠して忘れてしまう。そうして再び「あんたが盗んだ、ドロボー」と、裕子さんをなじる。民子さんは平然とした表情で言うため、誰も認知症とは思わず、あたかも裕子さんが本当に盗んだような印象を与えた。

とにかく頻繁に財布を隠しつづける民子さんは、その場所がわからなくなると不安になって、落ち着きがなくなる。そして、ついには唇をアワワワワと震わせて、声を発する。裕子さんが財布を見つけてやると、どうにか平静さを取り戻すが、それでもすぐにまた財布を隠してしまう。

「夜中でもそんなことをやる義母《はは》に対して、『一緒に探そうね』という言葉が出てこないんです。本当はそう言えば義母も少しは安心したのでしょうが、なかなか言えなかったですね」

「ドロボー」と言う民子さんに、どうしても「一緒に探そう」とは言えなかった。こんなに一生懸命やっているのに、誰も理解してくれない。そのことに悩んで自分を責めることもあった。喉元まで来ているのを、何度押し戻したかわからない。そのたびに自責の念にかられていく。

「入れ歯やメガネがなくなって私のせいにするのはいいけど、お金だけは嫌でしたね。お金を盗ったと言われるのは、本当に辛かったし、悔しかった」

こんなとき、夫の和夫さんはどのようにしていたかといえば、火に油を注ぐようなことを言うこともあった。いつものように財布がなくなって民子さんが騒いでいると、夫の和夫さんは「じゃあ、誰がお金を盗ったんだ？」と、不粋な質問をする。義母の答えは決まっている。

「嫁が盗ったのよ」

こんなことがあると、「一緒に探そうよ」とは言えない。

ドロボー扱いされるたびに、嫁という立場が心底から嫌になるようだった。しかし、それから数カ月が経ち、そうした状況に慣れていくと、どうにか「一緒に探そうか」と言えるようになったという。時間がかかったが、義母は病気だと自分に言い聞かせ割り切ることができるようになった。

「本当にふたりもみていらっしゃるんですね」

義父も脳梗塞の影響から、次第に認知症の症状が頻繁に出るようになった。義母の認知症も日増しに進行し、どちらかに気をとられていると、どちらかが何をしでかすかわからなかった。そのため片時も目が離せず、休む暇はなかった。

当時は介護保険制度もなく、介護サービスも少なかったため、多くの家庭で嫁たちが献身的な介護に明け暮れていた。一度にふたりの親を介護するのは並大抵なことではないが、救いを求める先はどこにもなかった。

しかし、そんな裕子さんのことを知った市の職員が、ある日突然やってきた。

そのときの裕子さんといえば、

「けっこう疲れていたのか、トイレに行こうとしたら立てなくなって、床を這って移動したんです。それを見た職員の方が驚いていました。『もう限界を超えてますよ、裕子さん』と言われました」

その職員は、現在のデイサービスに近いケアセンターを紹介してくれた。両親を連れてケアセンターに行くと、センターの職員は両親を連れている裕子さんを驚くような目で見た。

「本当にふたりもみていらっしゃるんですね」

その言葉から、自分がいかにたいへんな状況であるかがわかった。だが、当の裕子さんはそれが普通のことと思っていた。ケアの知識もほとんどもたず、教えてくれる人もなかったからだ。すべては我流で介護してきたのである。

センターの職員は裕子さんにいろいろと教えてくれた。認知症のこと、ケアのことなど、初めて聞くことばかりだった。それによって自分が他人よりもたいへんな介護をしているらしい、ということがわかった。

それからは週に一度、紀夫さんと民子さんはケアセンターに通うようになり、たった一日だが気を抜けるときをもつことができた。ただ、気分が乗らないと「今日は行きたくない」と突然言い出し、どちらかが家に残ってしまうこともあった。

あるいは、行く予定のない日に支度をしてケアセンターの送迎バスを待とうとすることもある。そんなときは、「じゃあ、外で待ってようか」と言って、庭に椅子を三つ持ち出して三人で来るはずのないバスを待ったりもした。一〇分もするとケアセンターに行くことなど忘れて、家の中に入ってくれる。裕子さんは怒ったり、拒否するのではなく、とりあえず相手に合わせてあげることを身につけていたのである。

裕子さんは、買い物にもふたりを連れて行く。スーパーではふたりにそれぞれカートを持たせて歩かせる。そこに商品を入れて仲良く歩いているさまは微笑ましくもあるが、買い物を終えレジに向かっていくと、ふたりはどういうわけか別々のレジに並んでしまう。会計は裕子さんがするため、ハラハラしながらふたりを監視し、早いほうから精算するのである。

「それでも、そうやって一緒に買い物したり、おやつを食べたり、散歩したりするのは楽しかったですね」

「何やってんのよ、ちゃんと父を見てなきゃだめじゃない」

義父の紀夫さんは、目を離すと、畑に向かうことも少なくなかった。その畑の先に、夫の姉が住む家があった。

ある日、家事に追われて、紀夫さんが畑をふらふら歩いていることに気づかなかった裕子さんのところへ義姉が電話をかけてきた。

「何やってんのよ、ちゃんと父を見てなきゃだめじゃない。野良仕事なんてあなたがやりなさいよ。父にさせないでよ」

ヒステリックな声が受話器から響いてきた。

またあるときは、気まぐれに、昼近くになると義姉が弁当を持って訪ねて来るようになる。弁当は義母と義父の分しかない。介護している様子はほとんど知ることはなかった。義姉は好きな時間に来て、好きな時間に帰るだけだった。

そのうち義父母の認知症は日増しに悪くなり、言葉もあまりしゃべれなくなる。民子さんは便を漏らすようになり、外に行くこともめっきり減った。ふたりは徘徊しなくなったが、介護の手間は減ることはなかった。そのため、裕子さんはケアセンターの勧めもあり、義母にショートステイを利用してみることにした。これで介護の負担を半減することができると思われた。

一方、紀夫さんは部屋に閉じ込もるようになり、食事を拒否するようになった。できれば紀夫さんもショートステイに行かせたかったが、夫が義父をショートステイに行かせることを「かわいそうだ」と言ってかたくなに拒んだ。そのためショートステイは一度も利用することはなかった。

紀夫さんはそれから病状が悪化して、三カ月ごとに三カ所の病院を転々と移らされ、やがて帰らぬ人となった。このときの苦い経験から、義母の病院探しは早くから始めた。

義母は一カ月に二週間も連続でのショートステイを利用することとなり、月の半分は義母の介護から解放された。

ところが、それを知った義姉が怒りだし、裕子さんを汚らしい言葉で罵った。施設に入れることを「かわいそう」と思っているのだ。義姉は施設に行って勝手な振る舞いをし、そのたびに裕子さんは施設に謝りに行くようになった。

「前歯を三本抜きましょう」と軽く言う歯医者

民子さんはその後、寝たきりの状態となってしまう。寝たきりになってからは、義姉はほとんど民子さんを見舞いに来なくなった。でも、裕子さんには、そのほうが精神的には助かった。

もともと便秘症だった民子さんは寝たきりとなると、摘便でなんとか排便させるしかなかった。一〇日も排便しないと手を深く入れてかき出すこともあった。

排便のコントロールはこの頃、もっとも苦労したことだと裕子さんは言う。

「運動していないから股関節が堅くなり足が開かなくなって、それを無理に広げて排便させるのですが、出るときは凄く出るので、床一面にフラットのオムツを敷いてさせました。そのオムツにお湯を含ませてお尻を拭《ふ》くと、温かいので嫌がらずに拭かせてくれました。女性の場合、便が尿道に入って尿道炎などになりがちなので、きれいにしておかないといけないんです。一度、真っ赤な血のオシッコをしたことがありました」

体調が心配だった裕子さんは、民子さんを月に一度病院に連れて行き検査をさせた。その都度、血液検査はいつも医者からも褒められるくらい良い状態を保っていた。寝たきりでそれだけ栄養状態が良い人もめずらしいと言われた。歯も入れ歯ではなかった。床ずれももちろん無縁だった。

民子さんは食事がうまくとれないようになると、胃ろうの処置が施され、自宅と病院を行き来するようになる。ところが、入院しているときに床ずれを患った。家では一度もなかった床ずれが入院したとたんに出てしまったのだ。さらに、ストレスから唇を噛み、血を流すようになった。

それを見た医者は歯医者を呼んだ。そして何やら相談し、信じられない言葉を吐いた。

「もう、噛む必要もありませんので、前歯を三本抜きましょう」

これには裕子さんも怒りが爆発した。

「人をなんだと思ってんのよ、それでも医者ですか。さんざん歯を大切にしましょうと言っといて、やっかいになったとたん抜きましょうって、牛や豚じゃないんだからね」

だが、こともあろうか医者は、「ほかの病院に移ってもいいんだよ」と言った。

裕子さんは医者を睨《にら》みつけて言った。

「誰がこんな病院にいるもんですか」

翌朝、裕子さんは救急車を呼び別の病院に移した。夫には了解をとったが、義姉には何も言わず自分の判断でそうした。もう義姉には何も言わせない。自分しか義母を守れないんだから。そうした自信と強さを裕子さんはもてるようになっていた。

その後、ストレスがなくなったのか民子さんは、唇も噛まなくなり平穏な入院生活を送った。病院もこれまでになく親切な対応をしてくれた。そして一年後、裕子さんは義母を看取った。辛かった介護生活からようやく解放されたのは、義母が認知症を発症して一〇年目のことだった。

「やっぱり家族という想い」

夫、義姉、親戚からの理解も協力もない中で、裕子さんはなぜ、義理の両親の在宅介護をやり通せたのだろうか。

「一番は、やっぱり家族という想いですね。明治四五年生まれの義母《はは》でしたから、嫁に対しては厳しくて当然なんです。自分だけが理不尽な扱いをされているという感じではなかったですね。家族を守る、そんなことしか当時は考えていなかったです。でも、いつまでも元気でいたら、たいへんだったかもしれません。

認知症がかなり進んでからは、義母《はは》は私のことを『おかあさん』と呼び、『大好き、ありがとう』といった言葉をいつも言うようになったのです。そうすると気持ちがとても楽になり、まさに親のように接することができました。子どもと親が逆転したけど、家族には変わりないですから。変な言い方ですけど、病気のおかげで最期のときまでみることができたと思います」

◇ひとくちアドバイス

ひとりで面倒をみるのは無理

両親同時介護のコツ

義理の両親、あるいは実の親と義理の親を同時に介護しなければならないことがある。こうなると家事と介護、さらには育児が重なることもあり、心身ともに非常に苦しい状況に追い込まれることになる。

このような場合、介護の分担をぜひとも考えてほしい。昔のように嫁ひとりで担う時代ではない。これからは自分の兄弟、夫の兄弟らと、もちまわりで面倒をみるケースが増えていくだろう。実際に兄弟が一、二時間もかけて介護者宅に来て面倒をみているケースもある。嫁ひとりで介護するという意識を早く払拭してほしい。

どうしても頼るところがなく、分担が無理な場合、ケアマネージャーや行政に相談し、あらゆる公的サービスを利用しよう。ショートステイには、ふたり同時に利用すること。片方だけ利用しても、もう片方の親が家にいれば負担はあまり軽減できない。デイサービスは夜まで延長できるか確かめておく。介護サービスを上手に使い、自分の時間をできるだけつくり、ストレスを溜めないようにしたい。いい意味で手抜きをすることが在宅介護では重要となる。

また、昼夜逆転の症状があらわれたら、在宅介護はあきらめ施設に入所させる選択も。睡眠不足は介護者の健康を害する原因となる。兄弟たちと介護を分担していれば、施設に入れることに反対されることも少ないだろう。

義父母の介護がきっかけで離婚

村中由美さん◎主婦
会社員の夫、息子（幼稚園児）、夫の両親の五人家族

ある日、夫の一雄さんが、田舎の両親を引き取り、一緒に暮らせないかと言い出した。田舎の義父、正徳《まさのり》さんは一〇年前に脳梗塞を患い左半身麻痺《まひ》となって、義母の千栄子さんが介護していたが、千栄子さんが少し呆けはじめ、火の始末や金銭の管理がおぼつかなくなってきていたのである。両親とも七〇歳代後半になっていた。

村中由美さんは、夫の一雄さんとひとり息子の三人家族で、由美さんの両親の実家に同居していた。一雄さんは出版社に勤め、夜遅くまで働いていた。由美さんも幼稚園児の息子の育児と園の行事、さらにパートと、忙しい毎日を送っていた。

しかし、夫の両親と同居するには実家を出て、新たに家を探すしかない。夫の両親と同居するのも仕方ないと同意した由美さんと夫は、実家の近くに家を建てることにした。そして一年後、田舎から夫の両親、正徳さんと千栄子さんを呼び寄せ、新築の家で同居生活

をすることになったのである。

同居してから義母が認知症に

同居してすぐは、正徳さんの介護は千栄子さんがし、由美さんはほとんど介護にかかわることはなかった。正徳さんは週に三日、デイサービスを利用し、それ以外の日は、千栄子さんがリハビリのために家の近くで杖をついて歩かせていた。

それが同居後一年ほどして、千栄子さんの様子がおかしくなりはじめた。リハビリ嫌いの正徳さんをひどく怒るようになり、ときには叩いたりもするようになる。家の中の空気がみだれ出し、由美さんの気持ちも不安になった。

見え透いた嘘をついたり、その場かぎりの生返事をすることが多く、由美さんとの会話もうまくできなくなりはじめていた。

そして、徘徊が始まった。由美さんが幼稚園に息子を迎えに行っている間に、千栄子さんは家からいなくなっていた。いくら待っても帰ってこないので、警察に捜索願いを出し、夫にも連絡する。やがて警察から、千栄子さんを保護したという連絡があり、引き取りに行く。

病院で診察してもらうと、千栄子さんは認知症と診断された。介護保険の申請をすると要介護二と判定された。由美さん夫婦は千栄子さんをデイサービスにあずけてみることにした。

こうして、義父と義母はそれぞれデイサービスを利用するようになる。正徳さんは認知症ではなかったが、次第に歩けなくなり、家の中も車椅子で移動するようになった。千栄子さんは正徳さんの介護がほとんどできなくなり、正徳さんのオムツ交換とトイレは、朝は夫が、夕方から夜は由美さんが介助した。

正徳さんは口数も少なく大人しい性格で、由美さんの言うことに素直に従ってくれた。千栄子さんと一緒にいると嫌な顔をしていた正徳さんだが、由美さんといると安心するのか、笑顔を見せることが多かった。その日のデイサービスでの出来事を話してくれるなど、由美さんの前では明るい表情を見せた。

ストレスだった長女の口出しと家計への負担

夫の一雄さんは介護に協力的だったが、田舎の夫の妹たちは両親のことを心配し、たびたび口を出してきた。とくに長女は自分が両親をみるつもりでいたこと、また、結婚後も近くに住んで両親の面倒をみてきたこともあり、離れてしまったことへの寂しさが募っていた。

そのため、一雄さんや由美さんに電話をかけてきたり手紙で、「絶対に施設に入れないこと」といった約束をせまってきた。「それができなければ自分が引き取る」とも言った。由美さん夫婦にしてみれば、親たちは同居しなければ暮らしていくことは無理だと判断して引き取った。だが、長女は同居しなくても近くに住んで見守るから大丈夫だと言う。

「何かを手伝うこともなく、口だけをどんどん出してくるので、本当にきつかったですね。介護は実際にやっていない人にはわからないですね」

考え方のちがいから長女は感情的になり、話し合っても理解してくれず、大きな溝ができてしまった。いっそのこと引き取ってもらえば、と夫に言ったこともある。

しかし、住みなれた両親の家は売ってしまったうえ、いまさら田舎に返したら嫁として失格というレッテルを貼られるだろう。一生、そのことで恨まれるかもしれない……。

さまざまなことが頭をよぎる。長女とは平行線のままでいくしかない。できれば夫にそうした口出しをさせないよう強く言ってほしいと頼んだが、長女の強さのほうが上まわっており、夫も防ぎようがなかった。

ストレスはそれだけではなかった。もっとも大きなストレスは家計のことだった。

本当なら子どもにもっと手をかけてあげたいのに、両親の介護のために思うようにできない。そのためデイサービスやショートステイの利用数を増やしていったが、利用を増やせば費用も増えてしまい、家計を圧迫していく。介護と育児に加え、費用という問題が大きな悩みとなってきた。

「住宅ローンが家計に大きくのしかかっていました。夫の収入が月三五万円で、住宅ローンが一五万円、義父の介護サービスが一〇万円くらい。義父の年金が二〇万円くらいあったので、介護費の残りは家族の生活費に使わせてもらいました。それを見込んでの同居ということでしたから。出費は、そのほかに車や家具、家電などのローンがざっと一〇万円ほどで、食費、保険、水道光熱費などを合わせると、赤字のときもありました」

さらに――

「途中で介護保険の改正があって、利用者の負担額が増えたのはかなり痛かったですね。ぎりぎりの家計でやりくりしていましたので、利用を減らすしかありませんでした。子どもにかける費用はどうしても減らしたくなかったので」

三〇代と若かった由美さんは、洋服や化粧品など欲しいものがあり、家計の中でそうした費用を捻出していた。そのため土日だけしていたパートを、平日もするようになった。土日は夫が家にいて親をみてくれ、平日はデイサービスに行っている間にパートができた。

「介護をするのは妻として当然という風習がありますが、それ相応の報酬があってもいいと思います。家事も育児もすべて妻、さらにストレス発散もできない状況では病気になってしまいます。せめて好きなものを買うことぐらい許されてもいいと思います」

経済的虐待という言葉がある。親の年金を子が使ってしまうことなどをさすものだが、介護している人が定職を失い、親の年金に頼らざるをえないのを責めることはできない、と由美さんは言う。

経済的にゆとりがあって介護する人と、ゆとりがない人では介護の仕方がちがってくるだろう。また、育児や家事に追われて介護するのと、子どもが成長し、介護に専念できるのとでは、精神的にも経済的にも異なってくる。とくに若い妻が介護することになった場合、そうした経済的、精神的な負担が重なってくると由美さんは言う。

「昔の人の場合、いろいろなことをがまんして生活していましたし、親を介護するのは当たり前と思われて育ちましたが、私たちの世代ではどちらかといえば自由に生きることを教えられてきたので、何がなんでも介護するということはできないと思います。そんなことになれば、潰れてしまいますね」

認知症が進んでからは妄想や暴力、徘徊

ふたりの親を同時にみることになった由美さんだが、義父の正徳さんのほうはいたって楽だったという。食事も自分で食べたし、着替えや下の世話も問題なくやらせてくれた。むずかしかったのは義母の千栄子さんのほうだった。体はとても健康で介助は必要なかったが、認知症が進んでからは妄想や暴力、徘徊が起きた。

「義母《はは》は義父《ちち》と話しているうちに、怒り出して大声を出すんです。義父のほうは麻痺のせいで口が思うように動かないため、義母を怒らすことなど言いませんでした。それなのに急に怒り出すんです。自分で話しているうちに妄想して、それが怒りとなって義父に向けられたようです。聞いていて怖かったですね。子どもが小さかったし、暴力を振るわれたらと思うと、ゾッとしました」

千栄子さんは昔から被害者意識が強く、正徳さんを長く介護してきたこと、貧乏してきたこと、田舎での嫌な出来事などを、いまでも口に出すことがある。

ふだんは明るく接していても、正徳さんとふたりきりになると必ず千栄子さんは苛立《いらだ》ち、悪口を言いはじめ、最後には小突いたり叩いたりした。いたたまれなくなり、由美さんが

注意すると、その後、自分が注意されたのは正徳さんのせいだと言って、また正徳さんを責めた。

「介護よりも、義母《はは》のそうした態度を見るほうが嫌でしたね。もともとの関係もあるでしょうし、認知症でそうなってしまったこともあるのでしょうが……」

実の母親が介護に協力をしてくれる

由美さんは、学生の頃に実の母、良枝さんを介護した経験があった。暴言や妄想を口走り、ときには暴力を振るったりする心の病になったのだった。一時は入院したが、退院後は父と姉と由美さんが協力して、ひとりにならないようつもそばに寄り添い、介護しつづけた。

それによって良枝さんは病気を克服し、もとの明るい性格を取り戻した。

家族の力を痛いほど感じた由美さんは、義理の親に対してもひとりで頑張るのではなく、近くの自分の実家の協力を仰いだ。

「私の実家が近くにあったので、母が来て洗濯物をしまったり、子どもの送り迎えをしてくれるなど、何かと力になってくれました。何かを頼めば必ず協力してくれました」

良枝さんは頻繁に家に来ては、両親の話し相手になったり、家事を手伝ってくれた。育児をしながら、介護という重荷を背負う由美さんのために、少しでも助けてやろうという親心だった。

息子も週末は実家に泊まり、従兄弟たちと遊ぶのを楽しみにしていた。その間は育児から解放された。由美さんに何かあっても、誰かが助けてくれる環境があったことは、大きな支えとなっていたのである。

義父の死は一家の大黒柱がいなくなったような感覚

そうしているうちに、義父の正徳さんは衰えを増していった。そのためリハビリをしてくれるデイサービスを希望したが、そうした施設は限られたところしかなかった。また、重度の介護度ということもあり、対応しづらいという理由で断られることも少なくなかった。

「リハビリしないと筋力が落ちて、内臓も弱っていくと聞いていましたので、できるだけそうならないようにしたかったんです」と由美さん。

三カ所のデイサービスを組み合わせて、なんとか週五日間のスケジュールを立て、正徳さんは毎日、通うことができた。

しかし、病状は少しずつ進み、食事でむせることが多くなってきた頃、あるデイサービスが利用を中止してほしいと言ってきた。

「むせて食事を飛ばすことが多く、他の利用者が嫌がるから」というのが理由だった。むせるだけで来ないでくれというデイサービスに疑問を抱いたが、他のデイサービスになんとか調整してもらって穴埋めした。

その後、正徳さんは次第に体力が落ち、翌年、肺炎を起こして入院し、そのまま帰らぬ人となった。

千栄子さんは正徳さんが亡くなったことをどう受け止めるか心配だったが、別段、変わった様子はなかった。認知症という病のためか、落ち込むといったこともなかった。

一方、由美さんは正徳さんが亡くなると、一家の大黒柱がいなくなったような感覚に見舞われた。夫の一雄さんは夜遅くまで帰ってこないため、正徳さんはそれなりに一家をまとめる主であった。いまから思えば、義父は義母の愚痴や感情のはけ口となり、由美さんたちを守ってくれていたようにも思えたという。

介護が家庭崩壊のきっかけに

そして義父が亡くなると、義母との関係がぎくしゃくしはじめる。義父というクッションがなくなり、義母と直接対峙することに、由美さんはこれまで以上に身構えるようになったのである。

千栄子さんは、外の人にはたいへん愛想よく振る舞い、見知らぬ人にも話しかけるような性格である。しかし、家では厳しかった。そんな裏表のはっきりした性格が、由美さんには受け入れがたかった。

夫の妹たちも相変わらずで、義父の墓や義母の今後のことにも口を出してきた。

そして、夫の一雄さんとも行き違いが出てくるようになる。一雄さんは正徳さんが亡くなってから、千栄子さんに気がねし、兄弟の口出しにも反発できずにいた。由美さんは一雄さんに、義父のように、寡黙ながらも家族を守ってくれることを期待した。だが、一雄さんは千栄子さんを気遣い、妻子よりも母親が大事と言わんばかりの素振りだった。

やがて由美さんと一雄さんは口論から喧嘩に発展することが多くなり、ときには夜中まで続けることもあった。毎日のように繰り返される口論に、夫はついに離婚を口にした。

由美さんもそれを望んだ。

こうして由美さんの約一〇年間の夫婦生活は終わった。

由美さんの場合、介護がきっかけで家庭にひびが入り、ついに崩壊してしまったが、ここに至るまでにはさまざまな要因が重なっていることは言うまでもない。夫や家族、親類との人間関係、そして子育て、仕事（収入）など、介護者が安心して介護できる環境でなければ、家庭は根底から崩れてしまう可能性をもっているのである。

◇**ひとくちアドバイス**

夫の感謝とねぎらいの言葉が大事

介護離婚しないために

厚生労働省の人口動態統計によると、二〇〇三年の離婚件数は二八万三八五四件。このうち二〇年以上同居の夫婦の離婚は、四万五〇四五件。つまり離婚の約一六パーセントがいわゆる熟年離婚だ。また、同省の二〇〇七年国民生活基礎調査では、「要介護者と同居している主な介護者」の中で「悩みやストレスのある者」の割合が一番多いのは男女ともに「四〇～四九歳」であった。

このように職場の中核を担い、子どもを育て、そして親の介護をしている四〇代、五〇代の家庭は、たいへん危うい存在である。

「介護のたいへんさは経験していないとわからない」とよく言われるが、夫婦という関係においても同様である。夫は自分には仕事があるから介護などしていられない、と休日さえ手伝わない人もいる。これでは妻が逃げ出したくなるのも当然である。

世の夫たちへ一言。妻たちが夫に望んでいるのは、会社を休んでまで介護をしてほしいのではない。それは、「いつもありがとう」という感謝とねぎらいの言葉である。出張しても、電話やメールでいつも気にかけていることを伝えるべきだろう。とにかく、妻が介護するのが当然という気持ちは捨て、つねに気遣いを忘れないことが大切だ。

一方的に押し付けられているとか、感謝されていないと思われれば、妻はいつ家を出てもおかしくないと知るべきだろう。

けがと病気に見舞われつづけた義母の介護

前田美枝さん◎会社員
会社員の夫、息子二人、義母の五人家族

前田美枝さんは、夫国男さんと息子ふたりの四人家族。横浜市郊外の戸建て住宅に住み、市内の大手企業の事務職として働いていた。

夫の実家は同じ市内にあり、義父は早くに亡くなり、義母の登代さんと義理の弟がふたりで住んでいた。登代さんは一九一八年生まれで、五人の子どもを育て、「子どもの世話にはならないわよ」と言うほど気丈であった。息子を連れてたびたび遊びに行くと、登代さんはとても喜んでくれた。

それから一〇年以上が過ぎ、息子たちはすでに大学生。その頃から、登代さんはさまざまなトラブルに見舞われるようになるのである。

度重なるけが・病気の義母を引き取る

登代さんが七五歳になったときだった。柱時計のねじを巻こうと、踏み台に上がろうとして足を踏みはずして転倒してしまう。打ちどころが悪かったのか、脊柱管狭窄症《せきちゅうかんきょうさくしょう》を患い手術することとなった。

脊柱管狭窄症とは、腰部の脊柱管の中を通っている神経が圧迫されることによって腰痛を起こす病気である。手術後、三カ月の入院生活を経て、なんとか回復した。

しかし、その一年半後に、今度は交差点を急いで渡ろうとして転倒、左大腿部骨折という大けがをしてしまう。それでまた三カ月の入院。

災難はまだ続く。その翌年、今度は多発性脳梗塞で入院してしまう。多発性脳梗塞とは脳の細かい血管の複数個所がつまるもので、認知症の原因になるとも言われている。

登代さんは二カ月後に退院したものの、今度は右手の麻痺《まひ》、言語障害という二つの後遺症が残った。そして、これを機に、美枝さん夫婦は、登代さんを引き取り同居することとなった。同じ頃、義弟もガンで入院し亡くなってしまった。

長男である夫が母を引き取り、その嫁である自分が介護するのは、世間的には当然のことのように思われていた。美枝さんは一二年も勤めた会社を辞め、義母の在宅介護を始めたのである。

どこか遠慮と気兼ねのある嫁姑の関係

もともと社交的でない登代さんは、新しい家に移ってきてからは、家に閉じこもるようになり、妄想などを口にしはじめた。そのため、美枝さんが散歩に連れて周辺の環境に慣れさせていった。散歩は途中まで車椅子で行き、公園のフェンス伝いに歩く練習もおこなうようにした。

つねにそばについていなければ危なかったが、登代さんはトイレだけは自分ひとりで行くと言い張った。しかし、右手が麻痺していたため、トイレを便で汚すことが多く、美枝さんを困らせた。いっそのこと手伝わせてくれたほうが、あとあと手がかからなくて済むが、姑と嫁の関係では、どこか遠慮があるのか、下の世話はさせようとはしなかった。

美枝さんより体の大きな登代さんは、骨太でがっしりしているため、毎回起こすのがひと苦労だった。車椅子への移動も、寝汗を拭《ふ》いて着替えさせるのにも時間がかかり、力のいることだった。

食事でも、登代さんは好き嫌いが多く、比較的栄養がとりやすく調理も簡単なオジヤ類はとくに好きではなかった。また、麺類も嫌いだったため、料理にはかなり気をつけねばならなかった。

健康だった頃、登代さんの唯一の楽しみはタバコを吸うことだったが、入院してタバコを吸うことができずにいた。同居してからも、タバコはすっかり止めたと思っていたが、それを覆す出来事が起きた。

ある雪の日の朝、登代さんの部屋の窓の外に、タバコの吸殻が数本落ちていたのを美枝さんが発見した。夜に登代さんが吸って、それを外に捨てたようだ。応接間で夫と息子が吸ったタバコの吸殻を見つけて、それを自分の部屋でこっそり吸ったか、あるいは隠し持っていたタバコを吸ったのか、どちらかしかないと思った。

「火事にでもなったらたいへんだと、すぐに夫に報告して注意してもらうと、義母《はは》は吸っても、捨ててもいないと言いました。それからしばらく、夫と義母の関係が気まずくなってしまいました」

国男さんは「タバコくらい吸わせてやれ」と言うが、美枝さんはタバコの不始末で火事になることが怖くてたまらなかった。入院中は吸わなかった登代さんが、わが家に来て再びタバコを吸いはじめたことがとても心配だった。そんな心配を夫がわかってくれないのが、寂しくもあった。

相談できる仲間と出会って介護サービスの利用へ

美枝さんは、初めての介護で戸惑うことが多くあった。寝返りを打たせるのはどうするのか、汗をかいたときはどうするのか、オムツの交換はどうするのか、といったさまざまな疑問について相談に乗ってくれる人がほしいと思うようになった。

介護者の会と出会ったのは、そんなときだった。役場の紹介で「福寿草の会」という交流会に出席してみた。会員は二〇名ほどで、寝たきりの妻、認知症の母、徘徊する姑などを在宅介護している人たちだった。自分よりもたいへんな思いをしている介護者がたくさんいることに驚いた。

話を聞いているうちに、同じような境遇にある仲間意識が芽生えていく。それまで悩んでいたことを思い切って打ち明けると、仲間が自分の体験を通して答えてくれた。

どんなことにもこれほど親身になって考えてくれ、答えてくれる会はほかにはないように思えた。介護の工夫から気持ちの持ち方まで、いろいろなことを教えてもらうことで、美枝さんは前向きに介護できるようになっていった。

施設にあずけることも考えたが、在宅で頑張る人たちの姿に励まされ、自分もなんとかやってみようと思うことができた。

当時、ようやく介護保険制度が始まろうとしていた頃で、介護者の会で得た情報がとても役立った。やがて介護保険制度が始まり、登代さんも介護認定を受けて介護サービスを利用することとなる。

認知症ではなかったが、ひとりでは思うように歩行できない状態だった登代さんは要介護度四と認定される。デイサービスやショートステイを利用し、ときどき老人保健施設へ入所もした。ひとりでは施設の利用もおぼつかなかった美枝さんが、ここまでできたのは介護仲間がいたからである。

「恩返しのつもりで介護しました」

登代さんの介護はほとんど美枝さんがひとりでおこない、夫の国男さんも子どもたちも親戚も、あまり協力してくれなかった。親戚には長男の嫁という目で見られ、兄弟たちも登代さんが入院しているときに病院に訪ねてくるくらいで、ふだんは家に様子を見に来ることもない。美枝さんにしても、そのほうが楽ではあったが。

「長男の嫁ということで私も自然と介護することになりましたが、気持ちの中ではみなさんいろいろだと思います。快く介護するのか、嫌々するのか、それは元気な頃の互いの関係が大きいのではないでしょうか。幸いに私は子どもが生まれた頃、義母《はは》にたいへんお世話になりましたので、恩返しのつもりで介護しました」

美枝さんは、自分の介護のことを友人には話しても、身内には話さないようにしていたという。タバコの一件を話したときの後悔からだ。親の過ちよりも、愚痴を言う嫁のほうが問題だと受け取られかねない。何があっても親をかばいたくなるのが身内というものだろう。

介護保険制度ができたことで、施設へあずけやすくなったのは大きな救いだったという。それまで美枝さんは、施設や介護サービスを利用するのは嫁として失格と思われるのではないかと、世間体を気にして利用できなかった。だが、介護保険制度が始まり、一般的に介護施設へ関心が向くようになり、美枝さんも義母をデイサービスにあずけることに対して、夫や親戚を気にすることがなくなった。

毎日、介護日記をつけ気持ちを整理

美枝さんは毎日、介護日記をつけていた。いつか夫の姉妹たちに見せて、登代さんのことを知ってもらおうと考えたのがきっかけだった。ケアの様子、体調、料理の好き嫌いなど、細かく書き綴った。献立の内容も書いて、どんなものが嫌いかも把握できるようになった。書くことで自分の気持ちを整理でき、冷静になれたようだ。

登代さんはその後も入退院を繰り返し、最後は肺炎を患い帰らぬ人となった。苦しそうにする登代さんの表情を毎日見ていた美枝さんが、ノートに書き綴った短歌がある。

握る手のわずかの力握り返す
　気力を信じて声かけ続く

思いも届かず、登代さんは天国へと旅立ったが、いずれ迎える自分の老後を見たような気がして、とてもいい経験をしたという美枝さん。人は誰でも年老いていくもの。今度は自分が息子の嫁に介護されるときが来るかもしれない。

そのときに、嫁の気持ちを少しでもわかってあげられる自分でいたい、と美枝さんは言う。そして、ふたりの息子もまた、義母と美枝さんを見てきた。

「ふたりの息子たちへの無言のメッセージとなったのではないかと思います」

彼らが介護を日常的なこととして見てきたことで、やがて訪れる現実に目をそむけないでくれると、美枝さんは信じている。

「介護だけに集中するのではなく、ちょっとした好きなことを見つけて介護から離れる時間が必要ですね。私はそういうことがあまりなかったのですが、いまから考えると日記をつけることがストレス解消にもなり、楽しみだったような気がします。それと介護仲間との語らいですね。いまでも介護者の会の会員を続けています。介護はやっぱり経験をしていないとわからないですよ。いくら同情されても気持ちは癒されませんが、介護者の会の人に話を聞いてもらうだけで胸のつかえがとれたように感じました」

◇ひとくちアドバイス

体験者だからこそわかりあえる
介護者の会に参加しよう

介護をしている人が定期的に集まって、日頃の困ったことや悩みなどを話し合う場として介護者の会が全国に存在する。会員同士の交流と情報交換、リフレッシュを目的としており、民間の任意団体であるため、いつでも気軽に参加できる。なかには介護の専門家や行政の担当者が出席して、情報提供やケア指導をしたり、さらには介護関連のイベントに参加したり、施設見学などの活動をおこなっている会もある。

地元にある介護者の会を知るには、役所や地域包括支援センターを訪ねて相談するのが一般的。もちろんケアマネージャーに尋ねてもよい。見学だけでも可能なので、一度訪ねてほしい。

介護者の会は介護経験者が会員であるため、些細なことでも恥ずかしがらずに相談できることが大きな特徴である。ときには愚痴をこぼすこともあるが、その心情を察して親身に聞いてくれるので、心のよりどころとしている介護者は多い。会をきっかけに近所づきあいが始まる人も少なくない。圧倒的に女性会員が多いが、最近は男性も多く見られるようになった。男性主体の「オヤジの会」といった会も各地にある。会合は二カ月に一回程度のペースが多い。

義父とふたりで乗り越えた義母の介護

水島美代さん◎主婦

研究所勤務の夫、娘三人、義父母の七人家族

水島美代さんは、結婚してすぐに夫の実家に入り、夫の両親、そして祖父母という六人家族で新生活を始めた。住まいは神奈川県北部ののどかな街にあり、築四〇年ほど経った大きな住宅であった。夫の雄介さんは電力関係の研究所に勤務、義父の寛さんは鉄道会社に勤め、美代さんもパート勤めをしていた。寛さんは定年を迎えると、鉄道会社系列の住宅会社でアフターサービス担当として、七〇歳まで現場に出ていた。

やがて美代さんは三人の子どもを授かり、水島家は総勢九人の大家族となった。その後、祖父母は高齢のために亡くなってしまう。六〇代半ばで体はいたって健康だった義母の敬子さんも、面倒をみていた祖母が亡くなると少しずつ変化があらわれた。三女とよく遊んでくれていたが、娘が成長して手離れしていくと、生きがいや楽しみが少なくなったのか、元気をなくしていった。

義父と連携プレーして義母の介護

そして敬子さんに、外出して戻れなくなったり、物を隠すといった認知症の初期に見られる行動があらわれはじめた。

何度言ってもできない敬子さんに、「どうしてできないの？」と、美代さんはつい文句を言ってしまうことが増えた。それが病気だとは思わず、少し行動がおかしい程度としか思っていなかった。

その後、家族みんなが敬子さんの言動を異常だと感じるようになり、美代さんは病院に連れて行くことにした。現在のように精密な検査ができなかった当時にもかかわらず、医者は即座にアルツハイマー型認知症と診断した。それだけ敬子さんの認知症は進行していたのである。

「その頃はまだ、アルツハイマーと言われてもよくわからない病気でした。ただ、不治の病であることは知っていました。けれども、突然、そう言われて戸惑いました」

病名はわかっても、有効な治療がないまま、敬子さんの病状は少しずつ進み、家の中でさまざまな問題行動を起こしはじめた。

「とくに財布を隠すのは困りました。お金がないないと言っては大騒ぎするんです。ほかにも大事なものを隠したり、行方不明になるなど、片時も目が離せませんでした」

それからは、敬子さんのそばに必ず誰かがついて見守る必要があったが、幸いにも義父の寛さんがそれを引き受けてくれた。美代さんがパートのある日は寛さんが、パートの休みの日は美代さんが敬子さんをみた。

「義父《ちち》はとても協力的でした。朝は必ず近くの神社に義母《はは》を連れて行き、境内の清掃をしていましたし、家でも義母とよく掃除をしてくれました。ときどき自転車の後ろに義母を乗せて、ふたりで出かけていました。一度、走っている自転車から義母がぱっと降りてしまい、家に帰ってきたことがありました。義父は義母が飛び降りたことに気づかなかったみたいです」

闊達な敬子さんの行動には、寛さんも驚かされることがたびたびあった。

それでも、ふたりは仲がよく、寛さんは敬子さんに優しかった。様子がおかしくなってからも、寛さんは自分の体の具合が悪くなるまで、敬子さんの世話をしてくれた。

三〇キロ先まで徘徊

毎年四月になると、近くの神社で祭りがあり、水島家にはその祭り見物に親戚などが多く訪れ、準備に追われる。その日も、来客のための準備で何かと忙しくしていて、敬子さんがいなくなったことに誰も気づかなかった。あちこち捜しまわったが見つからず、ついに警察へ捜索願いを出し、市の広報でも呼びかけてもらった。知人や近所の人たちにも協力してもらい捜したが、その日は、とうとう見つけられなかった。

家族は途方にくれ、生きた心地がしなかった。

そして、翌日の夜八時、警察から電話があった。

「こちら八王子警察ですが、おかあさんを保護しています」

八王子という地名がすぐにはピンとこなかった。八王子といえば、家から約三〇キロも離れている。そんな遠くまで義母が行くものだろうか。二日間も義母はひたすら歩いて行ったというのか。

後で調べてみると、どうやら途中で車に乗せてもらったらしい。他人にはそれなりに普通に対応できる面もある。親切なドライバーにある場所まで乗せてもらい、降りたとたんにわからなくなる。そんなことを繰り返したのかもしれない。

「八王子といっても山のほうまで行ったみたいで、手には薪のような枝をたくさん抱えていたそうです。玄関先に立っていた義母《はは》を、その家の方が保護してくださり、警察に届けていただいたんです。そのときの義母は割烹着に軍手という格好でした。幸いケガもありませんでした」

とにかく無事でいてくれたことに安心し、さっそく夫と義父に迎えに行ってもらった。おそらく何も食べていないだろうと、美代さんはおにぎりを二つ作り夫に持たせた。

敬子さんが住所を覚えているとは思えなかったが、警察はどうして家に連絡できたのだろうか。警察の話では、敬子さんの名前から探り当てたという。名前だけはちゃんと覚えていたのだ。

警察署では、敬子さんはやはり何も食べていなかったようで、おにぎりをおいしそうに食べた。そして、義父と夫に連れられて、ようやくわが家へ帰ってきたのである。

敬子さんはそれまでにも何度か徘徊をしていたが、必ず近所で見つかった。美代さんが捜し出したり、近隣の人が連れてきてくれたりと、大きな問題にならずに済んでいた。

「警察の方に言われたのは、洋服の襟裏などに名前と住所、電話番号を書いた布を張っておくといい、ということでした」

それからというもの家のまわりを柵で囲って、敬子さんが徘徊できないようにした。それでも隙間を見つけては抜け出して徘徊したこともある。そのたびに美代さんがそっと後を追いかけ、頃合いをみて声をかけて連れて帰って来るようにした。

しかし、敬子さんは普通の人よりも速足で、小走りでないと追いつけなかったという。そのためうっかりして見逃したこともある。そのときは、市の広報に協力を要請して捜してもらったりした。

八王子徘徊の一件から、毎日ハラハラして過ごすようになり、心労は増した。寛さんの体の調子もよくなく、美代さんはパートを辞めて、介護に専念することにした。

一口一口を「ごくんして」と言って食べさせた

徘徊と同時に、別の問題行動も出てきた。蒲団の中に家中のいろいろな物をしまい込んだり、化粧品をいじくって遊ぶといった行動である。

「本当はもっと外に出たかったのでしょうね。一緒に散歩してあげればよかったと、いまになって思います」

その後、三年ほどして敬子さんは徘徊しなくなった。その頃から「頭が重い」と言うようになった。そして、三回ほど失神した。一回目は家の玄関先で倒れ、救急車で運ばれたが大事には至らなかった。二度目はトイレ、三度目は廊下で失神した。いずれもすぐに回復したが、その後、体力がみるみる落ちて、ひとりで歩くことがままならなくなる。

あるとき、美代さんは娘と敬子さんと三人で買い物に出かけた。美代さんと娘が敬子さんを両側から支えるようにして歩いた。だが、敬子さんは何かにつまずいて、急に前のめりに転んでしまった。一瞬の出来事にふたりは支えることができなかった。

それからは、敬子さんは美代さんが手を持っていなければ歩行できなくなった。少しずつ着実に敬子さんは衰えていった。

食事のときも、寛さんと美代さんが支えてなんとか椅子に座らせた。やがて、その椅子にも座っていられなくなり、ベッドでほとんど過ごすようになっていく。歩けなくなると話もできなくなっていった。

寝たきりとなった敬子さんのために、市の保健師の紹介でエアーマット付きのベッドを借りることができた。ところが、それで油断したのか、すぐに床ずれができてしまった。また床ずれができたことで、よく熱を出すようにもなった。

この頃から、美代さんの生活は敬子さんのケアが日常となっていく。体を拭《ふ》くことや床ずれの手当て、リハビリ、洗髪、自分でほとんど排便できなくなったため下剤を週に二回飲ませて、さらに摘便もおこなった。

往診の医者には、食べ物と水分補給の注意点も教わった。飲み込みがしづらくなり、量も加減しなければならない。喉につまらせないように、一口一口を「ごくんして」と言って食べさせた。長い時間同じ姿勢を保っていると腰を痛めてしまいがちなので、食事のときは、ときどき姿勢を変える必要もあった。

多くの人の協力で介護を続けることができた

動けなくなった義母の介護は、徘徊していた頃にくらべ精神的には楽になったが、細々としたケアが多くなり、肉体的な疲労は以前よりも増していった。そうした美代さんに寛さんと雄介さんと子ども、そして雄介さんの妹が手を貸してくれた。

寛さんは夕食を食べさせてくれ、雄介さんは勤めから帰ると介護を手伝ってくれた。昼間はたびたび雄介さんの妹が来て、美代さんに協力した。そのほかにも保健師のアドバイスや同じような経験をもつ介護者の会の人たちとも交流した。多くの人に協力してもらい、美代さんは介護を続けていくことができたのである。

介護保険制度がスタートしたのを機に、敬子さんがデイサービスに行きだすと、美代さんの負担は軽くなった。

ところが、今度は寛さんが八〇歳になったとき、前立腺ガンが見つかり手術をすることとなる。これによって、寛さんの介護も必要となってしまった。そのため敬子さんには特別養護老人ホームに入所してもらい、寛さんの介護にあたった。

寛さんのデイサービスは、敬子さんが利用している特養のサービスだったので、寛さんはいつでも敬子さんに会うことができた。寛さんにしてみれば不幸中の幸いであった。

寛さんは体ががっしりとして大きいため、歩行を介助するのは小柄な美代さんにはきついものとなった。それでも認知症ではなかったので話は普通にできるうえ、食事は何でも食べてくれ、敬子さんにくらべて楽であったという。

「義父《ちち》は人として生きるということをつねに考え、それを実践しようとしていました。認知症の義母《はは》に怒るということもなく、悲しむということもなく、ただやさしく接していました。いつも静かに過ごしている人でしたね。すごい人だと思います」

その後、寛さんが亡くなると、一年後に敬子さんも後を追うように亡くなった。アルツハイマーと診断されて約二〇年が経っていた。

「義母《はは》は最後に病院となってしまいましたが、見舞いに行くと嬉しそうな表情をしてくれました。最後まで義母の近くにいてあげられてよかったと思います」

良き義父と義母に出会い、介護ができたことに感謝しているという美代さん。これからの自分たちの生活に必要なことを教えられたともいう。もちろん、子どもたちへの影響も大きく、次女はすでに福祉の道に進んでいる。

美代さんが最後まで介護できたのは、家族の協力があったからだろう。とくに義父の存在は大きかったようだ。自分の妻の異常行動を少しもとがめることなく、やさしく接する姿に美代さんは勇気づけられたのであった。

◇ひとくちアドバイス

在宅介護が困難な人の生活の場

特別養護老人ホーム（特養）

一般に「特養」と呼ばれる特別養護老人ホームは、六五歳以上の人で、身体上、精神上著しい障害があるために常時の介護が必要な人が入所する施設である。介護保険が使える施設の一つで、介護保険法上の名称は「介護老人福祉施設」という。入所できるのは要介護度一～五と認定され、なおかつ在宅介護が困難な人。認知症が進んだ人の介護施設としてもっとも多く利用されている。

生活の場であることが基本。医療行為をおこなっていないところが多く、経管栄養、尿管カテーテル、酸素吸入、痰《たん》の吸引、胃ろうといった医療措置に対応していない施設もある。また、入所中に医療措置が必要となり、病気で病院に三カ月以上入院すると再入所できない場合が多い。

厚生労働省が発表した特別養護老人ホームの数は約六四〇〇（二〇〇九年一月）。待機者数は全国で数十万人とも言われ、入所するまでに何年も待つこととなる。従来は申し込み順であったが、現在は介護度の優先順となっており、緊急度の高い重度の人が優先的に入所できるようだ。

必要な経費は、介護保険施設サービス費の一割、居住費、食費、その他おやつ代やレクリエーション代など。相部屋と個室があり、相部屋だと月額が一〇万円以下と比較的低額だが、個室の場合、二〇万円以上になるケースもある。新規でつくられる特養は個室しか認可されていない。申し込み方法は自治体によって異なるので、とにかく役所や地域包括支援センターに尋ねてみるか、特養に直接問い合わせしてみるといい。

特養を断りデイサービスで介護をやり通す

関谷良子さん◎主婦
会社員の夫、義母の三人家族

関谷良子さんは結婚後、すぐに夫の慎一さんと夫の母、清恵《きよえ》さんと三人で暮らしはじめた。ときどきパートで働いたこともあるが、ほとんど専業主婦として家庭を守ってきた。住まいは結婚後、リフォーム・増築し、清恵さんは一階、良子さん夫婦は二階に住み、二世帯がほどよい距離感を保ちながら快適に住めるようにした。

良子さん夫婦には子どもがなかったこともあり、良子さん夫婦と清恵さんはそれぞれが好きなことをし、協力と自立のほどよい関係を保っていた。

清恵さんは大人しい性格で、ふだんは家でのんびりと過ごしていたが、ときどき友人と旅行に出かけることを楽しみとしていた。しかし、同居して十数年が過ぎた頃、それまでとはちがった行動があらわれはじめたのである。

よく知っている病院に行こうとして道がわからなくなり、人に何度も道を尋ねてようやくたどり着く、家では財布の置き場所をたびたび忘れてしまう、それまで鍋から自分の椀に取り箸で取り分けて食べていたのに、直接鍋の中身を取って食べるようになる……。

ひとつひとつは小さなことだが、一緒に暮らしてきた良子さんの目には、それが異変だと思えた。

そうした行為を繰り返すので、ついに思い切って清恵さんを病院に連れて行った。二〇〇三年一月のことである。診察の結果、アルツハイマー型認知症と診断され、アリセプトを服用するようになった。介護保険の申請もし、要支援と判定される。

それでも自分でトイレも食事もでき、体はいたって元気であった。受け答えもしっかりしており、とくに問題というほどではなかった。

認知症があらわれて三年後に妄想や幻聴が

しかし、三年後の二〇〇六年には、要介護度は三になり、問題行動を起こすようになる。多くの人がそうであるように、要介護三という時期は徘徊やせん妄に多くの人が苦しめられる時期である。清恵さんの場合、とくに妄想や幻聴が顕著であった。

「義母の場合、ちゃんと行き先を言って出て行くんです」

ある夜、清恵さんが急に二階に来て夫婦の寝室に入るなり、「良子さーん」と叫んだ。驚いて飛び起きる良子さんと慎一さん。

「どうしたのおかあさん」

「玄関に誰か来てるのよ」

もちろん玄関には誰もいない。良子さんは妄想だと気づいた。慎一さんは愚痴をこぼすが、良子さんはそれが病気のためであることを理解しようとした。

「誰もいないみたいだから、今日はトイレで用を足して寝ようね」

そう言うと、清恵さんは「はーい」と言って、素直に寝てくれた。

その後、トイレの場所が次第にわからなくなり、そのたびに二階に上がってきては、「良子さーん」と呼ぶようになる。義母の行動にびくびくし、寝不足の日が続いた。

こうした夜中の行動をいち早く察知するために、「徘徊ノンマット」という介護用品をレンタルで使ってみた。これは、ベッド脇の床に置いて、母が起きたときにマットに足が乗るとチャイムが鳴るというもの。音がすると、二階で寝ていても、清恵さんが起きたことを知ることができ、早めにトイレに案内することができる。

一方、昼間は徘徊というやっかいな行動が待っていた。それでも清恵さんの徘徊は他人とは少しちがっていた。

「義母《はは》の場合、ちゃんと行き先を言って出て行くんです。急にいなくなることはなかったですね」

家族に行き先を伝えて徘徊するなど、あまり例がないように思えるが、これは清恵さんの性格が大きく影響しているのかもしれない。良子さんに心配をかけたくないという気持ちを、いつまでも失わないでいたのだろうか。

清恵さんが徘徊しはじめると、良子さんは後から黙ってついていく。夕方になって徘徊することもあるが、そういうときは「暗くなるから明日出かけようね」と声をかけると、清恵さんは「そうね、そうするわ」と素直に従った。

こんな素直で穏やかな性格が、良子さんは好きだった。

「自分たちには子どもがいなかったので、だんだん幼くなっていくような義母《はは》が、まるで子どものように思えました。子育てみたいな感覚ですね」

子どもに対するやさしい言葉遣いが幸いしたようだ。当初は、「どうしてわからないの、努力が足りないんじゃない」と叱ったこともあった。だが、病気を理解し、ときには子どものように、ときには大人の女性として接することで、自分もまたやさしい気持ちをもつことができ、荒々しい言葉は出なくなった。

「私、自分でも紙オムツを着けてみました」

記憶が不安定になってくると、清恵さんは良子さんのことを忘れてしまうことがあった。デイサービスから帰ってくると、送迎車から降りた清恵さんは、迎えに出てきた良子さんの横を通り過ぎ、さっさと玄関に向かう。そして、「良子さーん、ただいま」と言う。

「義母《はは》は私の若い頃の顔は覚えているみたいで、そのときの私は別人だったんです。私のことをお手伝いさんとしか思ってなかったみたいです」

慎一さんと清恵さんがふたりで出かけたとき、清恵さんは慎一さんに言った。

「慎一、そろそろうちにいる女性と結婚してあげなさい」

清恵さんは、毎日お手伝いに来て自分にやさしく接してくれる女性が、息子の嫁になってくれればよいと思っていたようで、そのようなことを口にしたのだった。だが、驚いたのは慎一さんだった。

それまで何となく認知症のことをわかっていたが、母の言葉に動揺した。

「もう結婚してるよ」

すると今度は清恵さんが驚いた。

「なんで私に内緒で結婚したのよ」

慎一さんは家に帰って、結婚式の写真を見せた。

「あら、ちゃんと私もいるわね」

清恵さんはそう言って、不思議そうに写真を眺めた。

それからは、清恵さんは慎一さんがどこの大学に行ったのか、会社はどこか、と尋ねるようになる。これを機に、慎一さんもアルツハイマー型認知症について理解してくれるようになり、介護に協力してくれるようになったという。

その後、清恵さんはお漏らしするようになる。薬を飲むと下痢が続き、ときには大量の便でベッドを汚すこともある。なんとか紙オムツにしてもらおうと思ったが、素直に着けてくれるか心配だった。そこで、試しに下着の上から紙オムツを着けてもらおうと良子さんは考えた。そうやって少しずつ慣れてから、紙オムツだけにするという方法である。

その方法は成功し、清恵さんは問題なく紙オムツを着けるようになった。

「私、自分でも紙オムツを着けてみました。そうして一日過ごしましたが、とうとう紙オムツでは用を足すことができませんでした。それほど、無理なことなのだとわかりました。

普通は、そんな便利なものをなぜしないのかと思いますけど、そうではないんです」

本人に合わせた介護をしてくれるデイサービス

要支援と判定されてから、清恵さんは週に一度デイサービスに通っていた。しかし、妄想や徘徊が始まってから、もう少し利用日数を増やしたいとケアマネージャーに相談すると、ふさわしいデイサービスがあるというので、良子さんは見学することにした。

そこは戸建て住宅を利用した小規模多機能型のデイサービスだった。見学は昼食時をはさんでやや長めにした。利用者やスタッフの様子をできるだけ把握したいと思ったからだ。

「そのデイサービスで、重度の利用者に対するスタッフの食事介助を見ていると、つぎは何を食べたい?と一回一回聞いて食べさせていました。つぎつぎに口に入れて食べさせる施設もありますが、そこではせかすこともなく、一口ずつていねいに食べさせていたんです。自分ひとりでは動けない方や車椅子利用者もトイレのときは体を起こして、ポータブルトイレで排便させていました」

自分の口でしっかり嚙んで食べることや、自分で便器に座って用を足すことは、機械や薬に頼らず本来の機能を低下させないようにし、在宅介護をできるだけ続けてもらおうという配慮である。

紙オムツはしていても、便は必ずトイレですることで人間らしさを保つことができる。その分、スタッフの労力は大きくなるが。

口では在宅介護を応援すると言っても、スタッフが扱いやすい、健康で大人しい利用者だけを集めたがる施設もあるというが、そのデイサービスには重度の利用者が比較的多くいた。ここなら安心して義母をあずけることができる、と良子さんは確信した。

朝の迎えは、いままでのデイサービスであれば時間どおりにやってくる。しかし、そのデイサービスはそうではなかった。なぜ時間どおりに来てくれないのか。

「時間どおりに来られるということは、決められた時間に利用者がすぐに出られる用意をしておくということです。乗る時間が遅れると、その分、後の利用者たちの家に到着する時間も遅れてしまいます。だから、もし遅れたら、なんで遅れたのかと注意されます。でも新しいところは、トイレ中なのでもう少し待ってくれと言うと、ゆっくりしてください、と言って待ってくれます。だから、時間どおりになんて来られないんです」

きっちり時間どおりにする施設、利用者の都合に合わせてまちまちになる施設、どちらがよいかは利用者によってちがうだろう。だが、なんでもきっちりと決められて、それに沿わないといけないという考え方は、介護を息苦しくしていないだろうか。

良子さんの場合、送迎時間を過度に気にする必要がなくなったことで、送迎前のあわただしさは変わらないものの、心のストレスは軽減された。

そのデイサービスでは、したくないことはしないという姿勢で、とくに決められたプログラムのようなものはない。公園に行って散歩したり、買い物に行ったり、掃除、料理など、まるで家にいるときのような感覚で過ごせた。買い物は車椅子の人も一緒に出かけ、買い物カゴを膝に載せて売り場をまわる。

清恵さんも買い物カゴを持って、みんなと一緒に店内をめぐった。

「結婚してからは、台所仕事は私がしていましたので、義母《はは》はあまり買い物に行ったり、食事を作ったことがないのですが、それもよくなかったのかなと思い、料理を手伝ってもらうことにしました。義母はきっちりとした性格でしたので、野菜を切るにも何センチずつ切ればいいのと聞くのです。一センチだよと答えると、皮を剥いてきれいに一センチずつ切ってくれました。だから下ごしらえは義母に頼んでいました」

そのほかにも洗濯物をたたんだり、掃除をしてもらうこともあり、ふだんの生活に近い介護を心がけた。

夜だけ泊まるナイトサービスも利用する

デイサービスの利用は病状に合わせて週に一度から、二度、三度、四度と増やしていった。夜起きて昼は寝るという昼夜逆転現象が起きはじめると、夜だけ泊まるナイトサービスも追加で利用するようになる。デイサービスに行かない昼間（週二回）は良子さんと過ごし、夜は泊りという利用である。

ナイトサービスは、二〇〇七年二月から週一日、八月には週三日、一一月には週四日、そして一二月からは週六日と増やした。これで良子さんはストレスの原因だった夜の行動から解放された。

介護がもっともたいへんなこの頃、特別養護老人ホームにも申し込んでいたが、待機している人が多く、すぐには入所できなかった。

「一番苦しいところをデイサービスに助けてもらいましたので、かなり楽になりました」

その後、病状が進むと、デイサービスとナイトサービスの利用が多くなり、清恵さんが家に戻るのは週二回、朝一〇時から夕方五時までになっていった。

食べる機能が弱まり、食事介助の必要も出てきた。そのデイサービスでは、手づかみでもいいから、自分で食べてもらうことを奨励していた。介助されて食べるのではなく、自分の手で食べることが、食べる機能を損なわないことにつながるという考えである。

しかし、それではあまりにも時間がかかる。そのため家に戻ってくると、食事は夫の慎一さんが一時間ほどかけて食べさせた。慎一さんは、休日を母の帰宅日に合わせてとるようにしていたのだ。それでも疲れてくると、良子さんが交代して食べさせた。

「食事もそうですが、便を漏らしたときも夫はよく協力してくれました。私も持病があったので、助かりました」

特養を断ってデイサービス主体の在宅介護を続ける

そうしているうちに、特別養護老人ホームから入所できるという知らせが届いた。ところが、良子さんはそれを断った。

「義母《はは》が可愛くて手放したくなかったのと、最後まで在宅でやるなら、できる限りのサポートをすると、デイサービスの代表が言ってくれたことが特養を断った理由です」

最後は施設にあずけることを選ぶ人が大多数である。とくに費用面で特養は負担が少ない。

「毎月の高額な費用や持病を抱えながらの介護を考えれば、特養にあずけることを止めろとは言えない、とデイサービスの方に言われました。でも、義母《はは》のことを一番知っているのは現在のデイサービスのスタッフですから、それを変えたくありませんでした。初めての人になかなか心を開かないところもあるので。それに特養でいままでのように義母を大事にしてくれるかどうか、という不安もありました」

その後は、デイサービスでのショートステイが増え、清恵さんは週に一度自宅に帰ってくる程度になった。特養以上の費用がかかるようになったが、それでもそのデイサービス以外に利用したいとは思わなかった。

そのうち良子さんは、自分も昼間デイサービスに行って清恵さんの様子を見ることができないかと考えた。するとデイサービスの代表は、毎月発行する新聞づくりをやってみないかと誘ってくれた。

身近な施設で最期を迎える

清恵さんの認知症はその後も急速に進んでいった。いったん中止していた認知症の薬を再開してみたが、薬の副作用で下痢や嘔吐を頻繁に繰り返してしまう。そのため薬を止めた。あまりにも苦しそうな清恵さんを見て、認知症が進んでも仕方ないと思い決意した良子さん。デイサービスの代表が医師と相談し、しばらく薬を止めてもいいのではないかと言ってくれた。

薬を止めて、たとえ悪化しても、それはそれで仕方がないこと。そして最期のときも、病院ではなく、デイサービスのスタッフと家族に看取られて逝くことを、良子さんは選んだ。

「最期はデイサービスで看取ることもできるので、考えてみてほしいと言われました。それで夫と相談して、病院ではなくデイサービスでの看取りに同意しました。何かあっても救急車を呼ばないで、主治医の先生に来てもらうだけでいいとお願いしました」

二〇一〇年二月、清恵さんの容態が急変した。良子さんと夫の姉夫婦がかけつけて義母に声をかけた。夫の慎一さんは仕事ですぐには来られなかった。

良子さんが清恵さんの枕の位置が高かったので低くしてあげると、清恵さんが急に泣いた。みんながそろって来てくれたことに安心したのか、清恵さんはその後、息を引き取り、八八年の生涯を終えた。

清恵さんが亡くなると、すぐに医師が駆けつけてきた。長年お世話になった主治医で、前日も診てもらっていた。医師はすぐに死亡診断書を作成してくれた。その後、スタッフと家族でお風呂に入れて、湯灌《ゆかん》をおこなった。

スタッフが清恵さんを抱えてお風呂に入れると、家族と一緒に頭髪から足の先までていねいに洗ってあげた。良子さんが清恵さんの顔を見ると、嬉しそうに微笑んでいるように見えた。

◇ひとくちアドバイス

きちんと考えておきたい

最期をどこで迎えるか

最期を病院ではなく、自宅に近いふん囲気の小規模多機能型のデイサービスで看取った良子さんのようなケースはまだまだ少ないだろう。ましてや湯灌までしてくれる施設はそうはない。

良子さんがめぐり会えたデイサービスはかなり利用者のことを考えてくれ、ある意味でボランティア精神にあふれた施設であるように思う。在宅介護の場合、容態が悪化して病院に入院し、そこで最期を迎えるケースが多い。

自分がどこで最期を迎えたいか、本来であれば意識のしっかりしているときに家族に伝えておきたい。死が近づいても、自分の意思がはっきりと伝えられるならば、最期を迎える場所も家族に言えるだろう。しかし、認知症などのように記憶や意思が薄れている人には、それはむずかしいことだ。

そのため家族の死について、事前にきちんと話し合うことが必要のように思われる。死が遠い先にある時点でこそ、話すことができると思われるが、実際はまだ存命なのにと、あえて口にしない人が多い。良子さんがそうしたように、私たちはいま、かけがえのない人の最期をどこで迎えるのか、きちんと考えねばならないときを迎えている（死亡時の手続きについては、二〇六ページ参照）。

Ⅲ

実の父母の介護

おまえに面倒みてほしい

大貫悦代さん◎役場臨時職員
小学校教員の夫、子ども二人、
実の両親の六人家族

長女としての責任感と意地があった。妹がいて、母をあずけることもできたのだが、自分が母をみるということを当然のように思っていたのである。母もまた同じ想いであった。「おまえが倒れたら、そのときは施設に行くよ。それまでは、おまえに面倒みてほしい」母の言葉を、いまでも覚えている。夫にも妹にも頼らず、自分ひとりで母をみることを宿命のように感じていたのである。

骨粗鬆症で骨折を繰り返す母

大貫悦代さんは、親の代まで撚糸《ねんし》業を営んできた実家を引き継ぎ、夫信也さんと子どもふたり、そして実の父義信さんと母民江さんの六人で暮らしていた。信也さんは小学校の教員、悦代さんは一〇年ほど農協に勤め、その後は役場の臨時職員として働いていた。

一九八二年の一一月、母民江さん六九歳のとき、庭で転倒して左膝を複雑骨折し、手術と三カ月の入院を余儀なくされてしまった。この間、悦代さんは母の世話をするために毎日のように病院を訪れた。民江さんは膝を曲げられなくなり、正座することができなくなったが、リハビリを続けて、なんとか日常生活には支障のない状態にまで回復した。医者からは骨粗鬆症と告げられた。

一九八九年になると、今度は父の義信さんが胆のうガンで入院した。悦代さんは、介護のために再び病院通いとなった。ところが、不幸にも末期ガンであったため二カ月ほどで亡くなってしまう。

その後五年間は無事に過ごしていたが、一九九四年の冬、八一歳になった民江さんは二度目の骨折をしてしまう。孫の大学受験の夜、帰りが遅いのを心配した民江さんは、雪の降る庭に出て滑ってしまったのだ。またしても左足で、しかも大腿骨頸部の複雑骨折。ボルトを入れて固定する大手術となり、このまま寝たきりになってしまうかと心配された。しかし、毎日にように見舞いに行き介護する悦代さんに励まされ、民江さんは意欲的にリハビリに励んだ。

大正生まれで気丈な民江さんは、医師にリハビリの時間をもっと増やしてくれと申し出るほどの頑張り屋だ。医師から無理をしないように言われると、それならば自分でやるしかないと考え、廊下を歩いたり、ベッドで足を動かすなどしてリハビリに努めた。

努力の甲斐あって、三カ月後に民江さんは退院した。しかし、医師の診断では骨粗鬆症は進んでいたという。そのためだろうか、退院後は転倒しやすく、ねん挫などいく度もみられた。

こうした民江さんのため、一九九八年に大貫家では建て替えをした。住み慣れた家と似たような間取りにして、室内の段差をなくし、要所に手すりを取り付けるなどバリアフリー住宅にした。

だが、新築したにもかかわらず、ささいなことで背中を打撲し、またまた一カ月ほど入院してしまったのである。

転倒しないよう四六時中注意しながらの生活

病院へは毎日のように出かけて介護する悦代さん。次第に疲れがたまっていった。退院しても、その前からしていたように、骨粗鬆症に配慮した食事をつくり、民江さんが転倒しないよう四六時中注意しながらの生活になる。

しかも、すでに民江さんは八五歳という高齢であったため、体力の衰えが急速に進んでいった。そこで、悦代さんは始まったばかりの介護保険を利用して、電動ベッドをレンタルし、シャワー椅子、ポータブルトイレなどを購入した。手すりも住宅改修費（助成金）を利用してさらに追加し、本格的な在宅介護の準備を始めた。

退院後、民江さんはあまり外出しなくなり、家に閉じこもるようになった。悦代さんはもっと人と交わる機会を増やそうと、デイサービスを利用してみることにした。ところが、民江さんはデイサービスに行くことを嫌がり、担当のケアマネージャーも困ってしまった。

そんな民江さんも主治医の言うことは素直に聞くため、デイサービスに行くよう話してもらった。すると、あまり気が乗らない様子ではあったが、どうにかデイサービスに通うようになった。

だが、民江さんの骨折はまだ続いた。それから三年後の二〇〇一年、八八歳になった民江さんは単純な動きから足首を骨折した。さらに、二〇〇三年には、またしても大腿骨頸部の複雑骨折に見舞われた。九年前にも同じところを骨折していて、ボルトが入っていたため、大がかりな手術となった。

骨粗鬆症の怖さは、普通であればささいな打撲ですむところがそうはならないことである。度重なる民江さんの骨折に、悦代さんの気持ちは萎えていった。

「このまま寝たきりになるのではと心配しました。加齢とともに気力も、体力も衰えるのは自然なことだと思っていましたが、いざ現実となると気持ちが落ち込みました」

三カ月後に退院できたが、要介護度は四になり、目を離せない状態となった。

手すりは部屋中に増えた。車椅子で外出しやすいように、家の外にスロープも二カ所設けた。それでも民江さんは、手すりにつかまりながらリハビリに励んだ。踏んばりがきかないので、悦代さんが支えて一緒に歩くようにした。立たせるときは夫も手伝ってくれた。排便は、ポータブルトイレがあったが、リハビリのためトイレまで行って用を足し、夜は紙オムツをした。

シャンプーをすると髪の毛が大量に抜け落ちる

悦代さん夫婦の部屋は二階で、母民江さんの部屋は一階にある。家の中は、居間が吹き抜けになっていて、部屋の扉をすべて開放していたため、二階の部屋から民江さんの部屋が見渡せた。

それでも何か用事があるときのために、移動するのがたいへんだろうとベルを取り付け、スイッチを持たせせた。用があるときはスイッチを押すと、居間にあるスピーカーが鳴る。

吹き抜けなので音がよく聞こえる。

民江さんはささいなことでもベルを鳴らし、悦代さんは夜中に何度も起こされた。「寂しいからちょっと呼んでみただけ」という言葉に、うなだれて寝床に戻ることもあった。母のためにと設置したことが、皮肉にも悦代さんを苦しめる原因となっていった。

朝起きると、まず着ているものを全部取り替えるのが民江さんの日課だった。体があまり動かなくなった着替えは一苦労だ。パンツ、ズボン下、ズボンを片足ずつゆっくりと着せ、上着は自分でできるところはやらせるようにした。ベッドには、背もたれができるようにL字の手すりを取り付け、介護がしやすいようにした。

そのうちにひとりで座っていられなくなると、車椅子に座らせて食事をさせた。両脇と背中が囲まれているので、座っている姿勢が保てるからだ。車椅子の下には新聞紙を敷いて、食べ落としにも対応した。

デイサービスに送り出すと、家事の合間を見つけ、できるだけ睡眠をとるようにしたが、それでもストレスは溜まる一方だった。

悦代さんの疲労はピークに達していた。そしてある日、美容院で髪の毛の質がおかしいと言われた。

「シャンプーをするといつも髪の毛が大量に抜け落ちていましたが、とくに気にしませんでした。あるとき、美容院で指摘されてちょっと変だなと思うようになり、病院で診察してもらうと、切れ毛があると言われました。短く切れている髪がたくさんあったみたいです。寝ているときに無意識に髪の毛をむしっているのではないかって……。ストレスが原因だろうと先生に言われました」

髪の毛だけではない。体重も次第に減っていった。疲れ果てて何度か病院にも通った。それでも悦代さんは、介護をしつづけるしかなかった。

「おまえが倒れてしまったら、結果として親不孝になるんだぞ」

それでも特養などの施設にあずけるつもりはなかった。また、ホームヘルパーにも頼ることはなかった。夫の信也さんが自分の家に他人が入って来ることが嫌だったからだ。そして民江さんも、他人に面倒をみてもらうことを嫌っていた。

民江さんと信也さんはそれなりに仲が良かった。だが、民江さんは面倒をみてもらうことは好まなかった。

「母はなんでも私に頼っていたため、夫とふたりきりになると、部屋に閉じこもってしまうんです。夫が食事を持っていっても、食べたくないと言って手をつけないことが多かったですね」

信也さんは、長女にしか頼ろうとしない民江さんと、それに必死で応えている悦代さんを見て、あまりいい状況ではないと思っていた。悦代さんの疲れが目に見えて増していることも気づいていた。そして、ある日言った。

「おまえが親の面倒をみるのは当然だろうし、それが親孝行だということは十分わかる。しかし、もしおまえが倒れてしまったら、結果として親不孝になるんだぞ」

そう言って、施設にあずけることを考えてみてはどうかと提案してくれた。

日頃、あまり口を出さなかった信也さんが真剣な面持ちで言ったことに、悦代さんは驚いた。

「この人はちゃんと見ていたんだ、と思いました。嬉しかったですね」

しかし、九四歳になっても認知はしっかりしていた民江さんは、施設の話をすると憮然とした表情を見せた。そんな母の態度に悦代さんの気持ちは揺れた。そして、どうしていいかわからなくなると、再び夫に相談した。

するとと、信也さんは言った。

「おまえにも子どもや孫がいる。いくら親孝行といっても限度がある。おまえの人生を犠牲にしてまで親孝行しても、決して親は喜ばないと思う。おまえだって、自分の子どもの幸せが最大の親孝行だと思うだろ。おまえにはおまえの人生があるんだ」

もう、迷わなかった。信也さんの言葉で悦代さんは決心した。

すぐにケアマネージャーに相談して特養への申し込みをおこなった。そして、その二カ月後、民江さんは特養に入所した。

長女が実の母を介護するということ

母が特養に入所してからも、悦代さんは片時も母のことを忘れることはなかった。様子を見に頻繁に特養に通った。そして、一年後、民江さんは九五歳で帰らぬ人となった。亡くなった日は偶然にも父の命日でもあった。

「父が天国から呼び寄せたのでしょうね」

そう言って、悦代さんは微笑む。

母の介護をしたことで、いままでの考え方や、他人とのかかわり方が変わった。人への思いやり、感謝の気持ち、相手の立場に立ってものを考えることなど、自分を大きく変えてくれた。

悦代さんが実の母を介護したのは、自分がみなければいけないという想いが強かったからだ。そんな介護の様子を見て他人は「幸せね、自分の親なんだから、一生懸命に介護してあげなさい」と言う。しかし、そう言われることに、悦代さんはいい気持ちはしなかった。

「これ以上やったら、私はどうなるの」と、心の中でつぶやいていた。

他人にしてみれば親をみるのは当然のこととして映る。だが、実際にやってみて実の母のほうが気持ちを入れすぎて、余裕がなくなる傾向にある。これ以上、頑張ることは自分が潰れることを意味する。実の母と娘の間には遠慮がなく、互いに言いたいことを言える。それゆえ感情の抑えどころがわからず、冷静でいられなくなることがある。

「自分の親を介護するほうが辛いと思います」と、悦代さん。

母が特養に入所していなければ、いま頃どうなっていたかわからない。ひょっとして親を危めていたかもしれない、とも語った。

◇ひとくちアドバイス

骨折が寝たきりのきっかけに

骨粗鬆症の予防

骨は古くなると壊れ（骨吸収）、新しい骨がつくられる（骨形成）。骨をつくるのはカルシウムだが、年をとるとカルシウムの吸収が悪くなり、骨密度の低下を招いてしまう。骨粗鬆症は、骨をつくる働きが弱まり、骨の中が鬆《す》が入ったようにスカスカになる病気である。

骨粗鬆症になると、少しの衝撃でも骨折する可能性が高くなる。骨折しやすいのは背骨や大腿骨頸部、腕の骨。とくに大腿骨頸部を骨折すると、寝たきりになる可能性が高い。

骨密度は二〇歳前後でピークとなり、その後四〇代半ばまではほぼ一定、五〇歳前後から急速に低下するといわれている。

女性の場合、閉経期を迎えて女性ホルモンの分泌が低下すると骨密度が急速に減少する。そのため骨粗鬆症患者の八〇パーセント以上が女性となっている。

加齢やホルモン分泌の低下以外でも、経口ステロイド薬の長期内服などが、骨粗鬆症の原因となる。

骨粗鬆症を防ぐ方法としては、バランスのとれた食事や適度な運動をおこなうこと。それによって骨密度の低下速度を遅らせることができる。

暴言、暴力を繰り返す母

佐藤志保子さん
◎主婦、自営業
自営業の夫、実母の三人家族

「東北地方の××市で、認知症の母が尿失禁したことから、母を外に放り出し凍死させたとして、実の娘が逮捕された」

ある日、新聞を何気なく見ていた佐藤志保子《しほこ》さんは、その記事に目が釘付けになった。一つまちがえれば、いつ自分がそうなってもおかしくない。その娘と自分が重なって見えた。この母がいなければ……何度、そう思ったことだろうか。

認知症の母を北海道から呼び寄せる

志保子さんは神奈川県で夫隆一さんとともに暮らし、ひとり息子はすでに結婚して他市に住んでいる。志保子さんには北海道で酪農を営む両親とふたりの弟がいたが、父が亡くなると、長男夫婦が家業を継いで、母嬉子《よしこ》さんとともに、忙しい日々を送っていた。

小柄でふくよかな嬉子さんは、働き者であった。酪農という仕事には休む暇などなく、厳しい冬でも一生懸命働いた。そんな嬉子さんも、父が亡くなって三年ほどすると、体の不調を訴えるようになり、内科や整形外科、眼科と、いくつもの病院をかけもちするようになる。

そうしているうちに、うつ病などで入退院を繰り返し、一五年ほど経つと、物忘れがひどくなった。検査の結果、認知症と診断された。しかし、酪農家の長男夫婦には母親の面倒をみる時間などなく、嫁にもはっきりと「介護をしたくない」と言われた。

志保子さんは夫の隆一さんに、母を引き取りたいと言った。隆一さんは嫌な顔をすることなく承知してくれた。そして、母嬉子さんとの同居が始まった。一九九四年一二月のことだった。

当初、嬉子さんは娘との同居を喜んでいた。ところが四カ月ほど経つと、食欲が落ちはじめ、徘徊するようになる。やがて食事も水分もとろうとしない。見かねて医師に相談し、神経科のある病院に入院させた。

おかげで体調は回復して退院した。しかし認知症は進み、その後の在宅介護は志保子さんたちの生活を一変させることになる。

昼夜逆転し夜中に騒ぎ、まわりの人を引っかく

しばらくして嬉子さんは、幻聴、幻覚、せん妄があらわれ、昼夜が逆転して夜中、騒ぐようになる。昼間は熟睡して、夕方になると落ち着かなくなり、叫んだり怒ったりして騒ぎ、まるで別人になってしまう。

酪農で鍛えた嬉子さんの体は元気そのもの。徘徊や暴力に、志保子さん夫婦は悩まされた。油断していると、引っかかれて傷になることもあった。同居して一年ほど経つと、尿失禁をするようになり、常時みている必要があったため、デイサービスを利用することにした。

志保子さんは介護疲れとストレスで偏頭痛や吐き気で起きられない日もあったが、嬉子さんがデイサービスに行っている間に三時間ほど熟睡してなんとか体調を保っていた。

嬉子さんは自分の意思が通らないと、他人にも暴言や暴力を振るうようになり、トラブルを起こすこともあった。

「デイサービスで母は有名人だったみたいです。施設の中を盛んに動きまわったり、職員の腕を引っかいたり、何をしでかすかわからないという意味で有名でした（笑）」

北海道にいるときは乳牛の乳絞りをしていたため、握力が強かった。「引っかくという行為は、そうした経験と何か関係があるのかもしれない」と志保子さんは言う。

ともかく嬉子さんの手は大きな武器となっていた。夫の隆一さんは、運転していて突然、後ろから背中を引っかかれたこともある。

引っかくだけではない。ときには体全体を武器にすることもある。

「あるとき、夜中にギャーという主人の叫び声がしたので、見ると、母が寝ている主人に体当たりしてきたんです。それで主人の歯が二本ぐらぐらして、翌日歯医者に行きました。さすがに主人も、『おばあさんに襲われた』などとは言えなかったみたいです（笑）」

散歩に連れ出して歩いていると、突然、杖で志保子さんの足を叩く。

「なにすんのよ」

つい大声で怒鳴る志保子さん。すると後ろから近所の人が声をかけた。

「またやられたね、佐藤さん」

近所では母は有名だったこともあり、別に驚く様子もない。近所に知れていることで、がまんせず怒鳴ることもできた。

同居する前は、母をやさしい気持ちで迎え入れ、最後まで面倒をみてあげようと思っていた志保子さんだが、この頃は「どうして引き取ってしまったのだろう、この母がいなければ」――と介護を放棄したくなるような思いだった。

母の貯金と年金では介護費用を賄いきれない

志保子さん夫婦は自営業で、働かなければ、収入はとたんに落ち込む。介護費用は母の貯金と年金でなんとか賄っていたが、年金は繰り上げで受け取っていたため月に三万円ほどで、母の小遣いにしかならなかった。

しかし、認知症が進むにつれて施設や病院の費用など、次第に出費が増えていった。認知症の母を引き取るにあたって、事前にふたりの弟にも費用を負担してもらうことを了承してもらっていたが、母の貯金があるうちはとくに負担してもらうことはなかった。やがて、夫の隆一さんが病気がちで思うように働けなくなり、母の貯金も減ってきた頃、弟たちに費用の負担を協力してくれないかとお願いした。

「金額は決めていませんでした。毎月、いくらでもいいからとお願いし、一万、二万という金額を送ってくれるようになりました」

そうした費用を負担することで、弟たちも介護にかかわっていることとなり、気が楽になったのではないか、と言う志保子さん。

「できるだけ自分たちで面倒みてやろうじゃないか」

荒れた母の言動に、もはや限界を感じていた志保子さんは隆一さんに言った。

「母を北海道に戻そうと思うんだけど」

志保子さんはすでに航空機のチケットを予約していた。ところが、隆一さんが思いもよらぬことを言った。

「おばあちゃんに与えられた命はそんなに長くない。できるだけ自分たちで面倒みてやろうじゃないか」

志保子さんは、チケットのキャンセルをした。

隆一さんはその後、ホームヘルパーの資格をとるため講習会に通った。

「ちゃんと介護するためには、知識を身につけていないといけないと主人が言うんです。それで主人は県が募集していた講習会に行って、障害ヘルパーと介護ヘルパーの資格を取得しました」

隆一さんはそれまで志保子さんの介護を見てきたことで、実習でも覚えが早かったようだ。講習会に行きはじめて、隆一さんの家での行動も変わっていった。

以前はあまり介護にかかわらなかった隆一さんだったが、資格をとってからは積極的に手伝いはじめた。ヘルパーのようにてきぱきとし、抱きかかえも安心して見ていることができた。嬉子さんが自分で食事やトイレができなくなってくると、隆一さんが食事介助、トイレ介助をやってくれ、志保子さんはずいぶんと助けられた。現在、隆一さんは社会福祉協議会の登録ヘルパーとして介護の現場で働いている。

夫とともに志保子さんを応援してくれたのが、介護仲間であった。

介護に疲れている頃、何かに役立つだろうと思い、志保子さんは介護に関する講習会に出席した。そこでは何人かの介護体験者が話をしてくれ、自分よりもっとたいへんな苦労をしている人がいることを知った。寝たきりの親の介護、麻痺のある親の介護、奥さんを介護する夫、夫を介護する妻など、さまざまな介護者がいることがわかった。

自分とよく似た状況にある人の話はとても参考になり、介護知識や情報を吸収することができた。講演をした人の中には、「介護は一〇〇パーセント完璧にやらなくても、七〇パーセントできたらいいんです。施設を上手に利用して介護者自身の健康を保つようにしてください」と言う人もいた。

その言葉を聞いたとき、志保子さんはとても気が楽になったという。「これ以上の介護は無理だ。もっと頑張れと言われたらどうしよう」と思っていたからだ。だが、講師の言葉は頑張らないでいい、と聞こえた。

疲れた顔で出席した志保子さんに、声をかけてきた女性がいた。「困ったことがあったら、私に電話してください」と電話番号のメモを渡された。一カ月後、志保子さんはその女性に電話をして、いろいろな相談をするようになる。

その女性は介護者の会の会長だった。志保子さんは、すぐに会員となり、多くの介護者と出会う。こうして仲間ができたことで、気持ちに余裕が生まれた。心が穏やかになっていくと、不思議なもので嬉子さんも落ち着いた状態を保つようになっていった。

介護サービスを利用して負担を減らす

二〇〇〇年四月から介護保険制度が施行され、デイサービスやショートステイ、ホームヘルパーが数多く利用できるようになると、志保子さんの負担は軽減されていった。日曜日も祝日もサービスが利用できることで、友だちと会ったり買い物なども自由にでき、精神的にも肉体的にも楽になった。

そして二〇〇二年。介護者の会が催した六日間の研修旅行があり、志保子さんは嬉子さんにそれを告げたところ、「四日で帰ってきて」と言われた。嬉子さんに感謝して出かけた志保子さんは、四日目に旅行から帰る途中、嬉子さんがくも膜下出血で危篤状態であるという知らせを受けた。そして、その日、嬉子さんは帰らぬ人となった。嬉子さんはまるで四日目に亡くなることを知っていたかのようだった。

隆一さんは志保子さんに、「最後におばあちゃんは娘孝行したんだね」と言った。夫の言葉に涙があふれた。

一九九四年に嬉子さんを引き取ってから亡くなるまでの八年間は、まるで嵐のように吹き荒れて駆け抜けていった。長いようで短い、短いようで長い介護生活はこうして終わった。

◇ひとくちアドバイス

介護体験者が語る

介護の実践アドバイス

志保子さんは、それからも介護者の会に参加しつづけている。新しく入会してくる介護者に自分の経験を役立ててほしいと思うからだ。いつも志保子さんが新人介護者に話していることを紹介しよう。

(1) 立派な介護者にならない（介護だけに没頭しないで、ストレス解消の趣味をもつ）
(2) 自分ひとりで抱え込まない、悩まない（相談できる人を見つける）
(3) 人の話に耳を傾ける（いろいろな情報が介護の助けになる）
(4) 相手（要介護者）を受け入れる（病気も含めすべてを受容する）
(5) ときには役者になってお芝居をする（介護が楽しくなる）

いま振り返ると、母を引き取るときに、認知症のことを何も知らなかったことが、大きな問題だったと志保子さんは言う。認知症は病気だと理解することで、やさしく接することができると言う人もいたが、それはむずかしかった。「まさか、認知症がこんなにたいへんだとは思いませんでした。私は、母が認知症であり、認知症は病気なのだということを受け入れるまでに長い時間がかかりました」

少しでも知識があれば、母を憎んだり争ったりしなかったかもしれないという。認知症を発症する前の母は大人しい性格で、人の言うことを素直に聞く人だった。それが認知症になると、見えないものが見え、聞こえないものが聞こえ、自分を守るために暴力を振るったのかもしれない。

義理の父母と実の父母の四人を介護

小池江美子さん◎主婦
会社員の夫、娘、夫の両親の五人家族

三六年間。――それは小池江美子さんが親たちの介護を始めてから終えるまでの期間だ。江美子さんは、夫の両親と自分の両親の四人を、それぞれ介護してきたのである。

初めての介護は、一九七四年のことだった。

まだ二〇代で、夫の孝さんと幼い娘の三人で、静岡市内の二部屋しかないアパートで暮らしていた。しかし、福島にいた夫の父常之《つねゆき》さんが徘徊するようになり、同居しなければならない状態となってしまった。狭いアパートでは同居はむずかしいと思えたが、それでも義理の父母を引き取って、共同生活が始まったのである。

常之さん（当時、八四歳）は、すでに夜中にトイレとまちがえて江美子さん夫婦の部屋に入ってきたり、玄関で用を足すこともあった。

「義父《ちち》の徘徊は結婚する前からありました。夫と一緒に帰省したとき、義父が徘徊したのでみんなで捜しまわったこともあります。結婚式のときも式場からいなくなったんですよ（笑）」

一方、義母の文子さんは常之さんより二三歳年下で、郷里では文子さんが働いて生計を立てていた。働き者で、同居してからも自分で仕事を探してきて、毎日のように仕事に出かけた。文子さんにしてみれば、常之さんは自分でご飯も食べるし、体も元気なので、世話をする必要などないと思っていたようだ。

義父の徘徊、不眠、失禁に振りまわされる日々

常之さんは徘徊すると、その後二日ほど寝て過ごし、再び徘徊するという行動を繰り返した。「介護」という言葉がまだ一般には聞かれない頃のことだ。

徘徊が始まると、江美子さんは幼い娘を近所にあずけて、常之さんの後をゆっくりとついていった。常之さんが一息ついたところで、「おじいちゃん、そろそろ帰ろうか」と声をかける。ときには農家でリヤカーを借りて、乗せて帰ったこともある。

また、小便をしようとトイレに行こうとするが、間に合わずに失禁することがいく度もあった。小便をこらえて四つんばいで進む常之さんの後ろには、小便のあとが……。

ご飯を食べたばかりだというのに、「ご飯はまだか?」と言うこともあった。「さっき食べたわよ」と言うと、怒って「まだ食ってない」と言う。

風呂好きの常之さんは、一度入ると、なかなか出ようとしない。江美子さんと夫が支えて風呂に入れる。気持ちよさそうに目をつむり長湯となる。いくら引き起こしても立とうとしないので、仕方なく風呂の栓を抜くこともあった。

病院に連れて行って診てもらおうとしたが、常之さんは「病気ではない!」と言って行こうとしない。そこで江美子さんがひとりで病院に行き、相談したこともあった。医師は「薬はあるが、寝たきりになるかもしれない」と言う。「でも、そのほうが家族は楽だよ」とも。常之さんは、意識はまだしっかりしているし、生きる気概もある。介護がしやすいからと寝たきりになどできるわけがない。江美子さんは、怒って病院を後にした。

しかしその後、常之さんは徐々に体が弱りはじめ、あまり外に出ないようになっていく。

義父母を引き取ってから二年後の一九七六年、夫の孝さんが神奈川県に転勤することになり、家族そろって引っ越し。それを機に家を買うことにした。これでようやく狭いアパートから抜け出すことができた。だが、常之さんは引っ越してからは、床に入ったままで、動けなくなってしまった。

「寝たきりになってしまうと、床ずれができてしまいました。床ずれの知識がなくて、対処できなかったんです」

食事もとれない常之さんを心配し、医師に診てもらうが、「老衰です」と言われ、何の治療もしてくれない。床ずれに対する処置も教えてくれない。

その数日後の朝、義母が大きな声で叫んだ。

「じいさま、起きねえだ」

すぐに飛んでいくと、常之さんは息を引き取っていた。安らかな顔だった。こうして、二年間の介護が終わりを迎えた。

その後、江美子さんは同居前に資格をとった保母の仕事に就いた。しばらくは平穏な生活が続いた。しかし、保母になって一五年ほど経った一九九三年の一月、今度は八〇歳になった義母の文子さんが入院してしまう。

脳梗塞で右半身麻痺となった義母の在宅介護

一月のある日、食事をしていた文子さんの様子がいつもとちがう。目がうつろで、江美子さんの呼びかけにも反応が鈍い。すぐに食べるのを止めさせた。

「どうしたのおかあさん、具合悪いの?」

文子さんを横にしてしばらく様子をみたが、ぐったりして動かない。明らかにおかしいと思った江美子さんは救急車を呼んだ。病院で検査をすると脳梗塞だと判明した。

「右半身麻痺《まひ》があり、おそらく良くなることはありません」

医師の言葉にがく然となる。あんなに元気だった義母《はは》が——。

三カ月間の入院を終え、退院した文子さんの介護がこうして始まった。

まだ介護保険制度は始まっていなかったが、いろいろなサービスがあることを病院で紹介され、利用してみようと思った。役場に行って相談すると、訪問看護婦、入浴サービス、訪問リハビリ、デイサービスなどが整っていることを知り、あるものはすべて利用した。費用は、無料のものや数百円ですむものもあり、それほど重い負担ではなく利用できたという。

訪問リハビリでは、左半身と右半身の麻痺ではベッドを置く向きがちがうこと、半身麻痺でも自分で起きる方法、お風呂に入れる方法など、いろいろなことを教えてもらった。寝たきりにしたくないという一心で、江美子さんは介護とリハビリに励んだ。義父のことがあって、介護は片手間ではできないと、保母の仕事は辞めた。

「それまでとても忙しくしていたので、介護を仕事のつもりでやりましたね」

結局、文子さんは自力で歩くことはできなかったが、工夫すれば体を起こしたり、動かしたりすることができるようになった。車椅子を使えば外出もできた。寝たきりという言葉はそうした状況をつくっているかいないか、というだけのこと。寝たきりではなく、寝かせきりなのではないかと江美子さんは思った。

ただ、こうして介護に専念していると、社会との交流が次第に少なくなってしまう。情報も入ってこなくなり、孤立感だけが募っていった。それが江美子さんにとっては辛いことだったという。

「とにかく自分も義母《はは》も外に出る機会を増やしたい」

そう思った江美子さんは、月に一度、地元のひとり暮らしや虚弱な高齢者たちが集い、地域のボランティアとともに趣味や話を楽しむという場づくりを地域の仲間と協力して始めた。現在のデイサービスのようなところである。

「高齢者の中には孤立している人がたくさんいます。交流できる場があれば、気持ちが安らぐのではないかと思いました」

交流はそれだけではなかった。

市が後押しする介護者の会にも入会した。二、三〇人ほどの介護者が、二カ月に一度集まり、介護で困っていることや相談したいことを話し合った。徘徊したり身体の不自由な肉親をもち、悩んでいる介護者たちが気持ちを共有し合った。辛いことを涙ながらに語る人、すでに介護を終え、穏やかに語る人――いろいろな人が参加していた。

また、介護とは別の仲間もできた。ある日、近所の人に誘われて、ハーモニカの初心者講座に参加したのである。夜の講座にもかかわらず、そこには老若男女二十数名が集い、笑い声の絶えない楽しいものだった。その人たちとの交流は介護のことを一時、忘れさせてくれた。

「病院で亡くなることが、こんなに寂しいのかって思いました」

介護が五年目の一九九八年、八五歳を超えた文子さんは肺炎をおこし、入院してしまう。数日後、危篤の知らせを受けて病院へ行くが、文子さんはすでに亡くなっていた。最期を看取ることなく、ひとりで逝かせてしまったことを江美子さんは悔やんだ。

「病院で亡くなることが、こんなに寂しいのかって思いました」

それでも在宅死のむずかしさも知っている江美子さん。

「義父《ちち》の場合、家で亡くなりましたが、八方手をつくし、どうにかお医者さまに来てもらえました。普通、家で急に亡くなると検視という扱いになることが多く、警察が立ち会い面倒なことになるんです」

最期を病院と自宅の両方で迎えることを経験した江美子さんは、むずかしい面はあるが、自宅で看取ることが納得できる「死」だと思うようになった。

その後、江美子さんは、介護の経験を生かし、老人保健施設（老健）に就職し、やがて介護福祉士の資格も取得した。またこの頃、ひとり娘が結婚して家を出て、夫婦ふたりだけの平穏な生活が戻ってきた。

「自分の親だと感情が入り、冷静でいられなくなります」

老健に勤めて四年目が過ぎた二〇〇二年一二月のこと。今度は、千葉に住んでいる実の弟から、同居している父の幸雄さんと母の千恵さんのことで困り果てているという連絡を受けた。

「父が弟の嫁に怒って、手を上げたというんです。あの温厚な父が……とても驚きました」

話を聞くと、もともとの原因は母の千恵さんにあるという。

その数カ月前、弟夫婦と同居している母が骨折して入院した。入院中、せん妄という混乱した状態があらわれ心配していたが、退院後、大量のトイレットペーパーをトイレに流して詰まらせてしまう事件がおこったのである。弟の嫁は千恵さんを叱った。それを見て、今度は幸雄さんが激怒し、嫁に手を上げてしまったのである。

これを知って江美子さんは、両親を引き取り同居することにしたのである。

千恵さんのせん妄はしばらく続いた。実の母の介護は、これまでの介護の中でもっとも心労の大きなものとなった。

「優しくて几帳面で、おしゃれだった母が別人のように変わってしまったことが、何よりも辛かったですね」

体は比較的元気なので、せわしなく動きまわるが、骨粗鬆症のために骨が弱く、転ぶことが多い。骨にひびが入ったり、脱臼したりと、目が離せない状態だった。江美子さんは眠れない日が続き、自然と強い口調になっていく。

「自分の親だと感情が入り、冷静でいられなくなります。自然と口数が増えてストレスが溜まりやすくなりますね」

以前、夫が自分の母親を怒るのを見て、「そんなに言ったら可愛そう」と思ったのに、実の親のことになると、情けなさ、やりきれなさでついカッとなってしまう。

「他人の目もちがったように思いますね。義理の親をみているときは、他人は『偉いわねえ』と言ってくれます。これが自分の親だと『幸せねえ、お母さんをみられて』となります」

そうして数カ月が過ぎて、少しずつ千恵さんの病状が落ち着きを取り戻してくると、孝さんにも協力してもらい、一緒に散歩や遊びに連れて行くようになる。

江美子さんは四年間勤めた老健を辞めて、代わって母がその老健のデイサービスを利用することになる。スタッフも顔見知りであったため親切にしてくれ、安心してあずけることができたのは幸運だった。

末期ガンになった母を自宅で看取る

こうしてしばらくは安定して暮らしていた千恵さんだったが、二〇〇七年五月、四〇度近い熱を出し、緊急入院をすることになる。検査の結果は、末期の肺ガン。手の施しようがなく余命三カ月と宣告された。

江美子さんは、もはや医療として打つ手がないのなら、家に連れて帰り、家族と一緒に過ごさせてやりたいと思った。しかし、そのためにはいつでも往診に来てくれる医師が必要だ。いくつかの診療所や病院に電話したが、定期的に往診してくれても、緊急時に来れるとは限らないという返事ばかりだった。

そんなとき、千恵さんの担当となったケアマネージャーが、江美子さんと同世代であり、親身になって江美子さんの気持ちを受け止めてくれ、『在宅死――豊かな生命の選択』という本を貸してくれた。玉地任子という、江美子さんが住んでいる地元の医師の著書で、玉地医師は、二四時間体制で末期ガン患者を診る終末医療ホスピス「ゆめクリニック」の代表である。家で看取ったガン患者の数は二〇〇一年で一〇〇人を超えていた。

読み終えた江美子さんは、迷うことなく玉地医師に、母の主治医になってもらおうと決めた。そして、すぐに「ゆめクリニック」に電話を入れた。しかし、玉地医師はたくさんの患者を抱えていたため、往診は無理だと言われてしまう。

それでも諦めきれない江美子さんは、何度も電話して、どうにか入院中の母を診てもらうことができた。そして、とうとう主治医になってもらうことになった。

「玉地先生は、患者本人がどういうふうに暮らし、どういうふうに最期を迎えたいか、その希望を叶えてあげたい、と言われました。母はほとんど口がきけず、口から食べることもできない状態でしたが、先生は、どうしても家で看取りたいという私たちの強い願いを聞いて、『それならばいいですよ』と言ってくださいました。本当にありがたかったですね」

玉地医師の協力もあり、その後一カ月間、濃厚な看護と介護の日々が続いた。

玉地医師はまず江美子さんに看護の方法を教えていく。江美子さんも日々の様子をファックスで知らせ、わずかな変化も見逃さず報告した。

「点滴の仕方から、痰《たん》の取り方まで、こと細かく教えていただきました。わからなければ家に来て教えてくださいました」

このとき、支えてくれたのが夫の孝さんだった。孝さんが一緒に介護にあたってくれたので、江美子さんは母を最後までみることができたという。

孝さんは玉地医師の教えることをノートに書き留め、点滴の処置も手伝ってくれた。

そして、みんなが見守る中、千恵さんは息を引き取った。八三歳であった。

玉地医師と孝さん、江美子さんの三人で体をきれいに拭《ふ》き、母が一番好きだった服を着せ、お化粧をした。

「すみませんが、わたくしのお金を返してください」

父の幸雄さんは、母よりも八歳年上だったが、それまで大病もせず元気に過ごしていた。毎日、日記をつけるような几帳面な性格で、健康管理も自分なりに気をつけていた。千恵さんがまだ元気な頃は、江美子さんが出かけている間、千恵さんの面倒をみてくれたり、三人で一緒に出かけたこともあった。千恵さんがせん妄状態になったときもよく世話をしてくれた。

悪いところといえば、難聴ぐらい。江美子さんとよく筆談を交わした。あれこれノートに書いて、互いに質問したり答えたりした。

しかし、千恵さんが亡くなってから数年経って、幸雄さんにも少しずつ認知症の症状がみられるようになる。ときどき「お金がない」と口にするようになったのである。

財布の中身を出して、それを封筒に入れて、どこかにしまい込む。本と本の間や引き出しなど、いろいろな場所に仕舞うが、ことごとく忘れてしまう。すると幸雄さんは言う。

「すみませんが、わたくしのお金を返してください」

毎朝、夫の孝さんに向かってそう言った。ていねいな言葉づかいが父らしいが、毎日のことに江美子さんは苛立ち、つい大きな声になる。最後は江美子さんが封筒を探し出してやるものの、父は謝るどころか平然としたまま。

日記帳にもそのことを記していた。「いまならまだ罪にならないから早く返して……」などといった文言が綴られた。

また、江美子さんが練習しはじめたパソコンにも、何やら不快感をもつようになる。

「その箱の中に何か悪いものがいる」

パソコンの光を指差して、そう言う。

江美子さんは、幸雄さんをひとりにしないよう、幸雄さんから見える範囲で何事もやるようにした。パソコンもそんな配慮からだったが、幸雄さんはもちろんそんなことは知る由もない。

そして二〇〇九年一〇月、幸雄さんは老衰が進み、病院に入院することとなる。江美子さんはこれが最後になるかもしれないと、幸雄さんの地元である千葉の病院に入院させた。自分の家に戻りたいだろうと思ったからだ。

三カ月後、退院できるまでに回復した。しかし、介護の経験のない千葉の弟夫婦では、やはり幸雄さんの在宅介護はむずかしかった。

翌年一月、わが家に戻ってきた幸雄さんを、江美子さんは再びみることとなる。

それからの幸雄さんは、日一日と衰弱していくのがわかった。痰がからみ、それをガーゼで取り除く回数が増えてゆく。何を食べさせようとしても飲み込めなくなると、氷で水分だけを与えるしかない。幸雄さんはお腹が空くと、自分の指を吸った。それが不憫でならなかった。

江美子さんは、千恵さんがお世話になったケアマネージャーと玉地医師に連絡をとった。

数日後、初めての入浴サービスが来て、幸雄さんを風呂に入れてくれた。気持ちよさそうにする幸雄さんの口に、氷を触れさせた。幸雄さんはそのまま安心したように目を閉じて、永眠した。九二歳だった。

玉地医師は死亡診断書の死因欄に「老衰」と書いた。

「先生は『老衰と書いたのは初めてだわ、いつもガンと書くのに』と言われました」

ほとんど末期ガンの患者ばかりを診てきた玉地医師が、幸雄さんも看取ってくれたことに、江美子さんは言葉にならないほど感謝している。夫の両親を引き取ってから三六年が経っていた。

「自分がやる気になれば、みんなが協力してくれます」

義理の父母と実の父母の四人をそれぞれ介護してきた江美子さんは、介護は覚悟が必要だった、と言う。逃げ腰で介護をするとなんでもマイナス方向に行ってしまうから。

「覚悟すれば道はなんとか開けます。自分がやる気になれば、みんなが協力してくれます」

覚悟というのは、ひとりで全部を背負い込むことではない。覚悟を決めた以上、ちゃんと介護するから助けてほしい、と言うことも大切だと江美子さんは考えている。

夫の孝さんの協力はまさにその言葉どおりとなった。自分の親を必死で介護してくれた江美子さんを孝さんは勤めをしながらも、気遣ってくれた。やがて実の親と同居することができたのも、孝さんから妻への恩返しでもあった。

江美子さんはいま、介護者の会の中心的な役割を担い、ハーモニカグループの活動も続けている。

◇ひとくちアドバイス

在宅で亡くなったとき

医師による死亡診断書の作成

在宅介護の場合、要介護者が自宅で亡くなることが十分考えられるが、注意しておきたいのは死亡診断書の作成である。死亡診断書がないと、葬儀に必要な埋葬許可書を役所からもらうことができない。

病院で亡くなった場合、医師がすぐに死亡診断書を作成してくれ、なんの問題もなく葬儀の準備に入れる。しかし、自宅で亡くなった場合は、主治医がそばにいればいいが、そうでなければ警察が検視をすることになる。場合によっては、死因や死亡時刻を特定するために解剖もおこなわれる。検視後、事件性がなければ検視医によって死亡診断書が作成される。

要介護者の容態が悪化したら、医師を呼ぶか、病院に運ぶことになるだろう。多くの人が救急車で病院に行くことを選んでいるが、看取りをしてくれる医師、あるいは死亡時にすぐに駆けつけてくれる医師（できれば休診日でも）がいれば、自宅で最期を迎えることができる。

身内の死という悲しみの極限にある状態で、警察による検視、解剖といったことを受け入れる辛さは言葉では言い尽くせないだろう。そして、そうさせてしまったことを一生悔やむことにもなりかねない。突然やってくる死に対して、スムーズに葬儀までおこなえるよう、主治医やデイサービス、ケアマネージャーなどとよく話し合っておきたい。

Ⅳ

社会とつながる

制度の利用へつなげる

山元恵子さん◎主婦
会社員の夫と息子・娘、夫の両親の六人家族

「女はみんなを看取った後が人生よ」

実家に帰ると、母は恵子さんにそう言った。母は祖父の介護を経験し、いまは祖母の介護に明け暮れていた。いまにして思えば、母のその言葉が介護への心構えとなっていたのかもしれない。

山元恵子さんは、三〇年ほど前に結婚し、夫の実家で夫の両親と同居生活を始めた。恵子さんは専業主婦として、息子と娘を育て上げた。実の両親、義理の両親も元気で、介護はまだまだ先の話と思っていたとき、目が離せない人物があらわれた。

五年ほど前から、近くにいるひとり暮らしの母の妹、千代さんの様子がおかしくなり、何かと面倒をみなければならなくなっていたのである。

家族、親類みんなが介護に巻き込まれ

叔母の千代さんは八〇歳近くまで美容院を経営してきた健康で気丈な女性であった。一度も結婚することなく、身内は町外に住む弟と甥や姪しかいない。

八〇代半ばになると、千代さんは、少しずつ認知症に似た言動が出はじめ、買い物や掃除ができなくなった。そのため、母の弟と義母の芳江さんがたびたび訪れて面倒をみていた。恵子さんは、当初はとくに面倒をみる必要はなかった。

そんなときだった。義父が亡くなり、芳江さんは憔悴してしまう。葬儀を終えて間もなく、今度は千代さんが肺炎のために入院すると、芳江さんはその介助に病院通いに明け暮れ、心身ともに疲れはて、切迫した状態となった。

義母に申し訳ないと思っていた恵子さんは、義母に代わって銀行や買い物などの千代さんの用事をおこなうようになる。しかし、千代さんの症状も進む一方で、次第にひとりで暮らすのが困難となりつつあった。

ある日、千代さんは弟と相談して、軽費老人ホームに入所すると言い出した。

「軽費老人ホームは健康な人しか入れないし、費用もけっこうかかるので、おばちゃんは

入れないよ」と、恵子さんは千代さんたちに説明した。

年金が月に五万円もない叔母には、軽費老人ホームは無理だった。施設が無理とわかってもらうと、恵子さんは千代さんのために、週に一、二度ホームヘルパーを利用し、買い物や掃除などを代行してもらった。

ところが、ある日、ヘルパーから、「帰らないでくれと言って泣きつく」「胸が苦しいから、病院へ連れて行ってくれと言われた」といった電話が頻繁にかかってくるようになる。ひとりになることへの不安や寂しさからくる行動で、そのたびに恵子さんは処方された安定剤を飲ませて落ち着かせるしかなかった。

この頃まで、千代さんはなんとか自分で電話をすることができたが、白内障を患ってからは電話さえできなくなってしまう。そのため夜遅く隣りの家に行って、「本家に連絡してくれ」などと言うこともあった。

そして、恵子さんを驚かせた事件が起きた。

一二月の夜一二時近くのことだった。すでに恵子さんは床についていた。すると突然、恵子さんを呼ぶ声がした。目を覚ますと、息子があわてた声で恵子さんを呼んでいた。

「おばさん、来てるよ」

「え？」

玄関に行くと、パジャマ姿のままの千代さんが座っていた。しかも靴を履かず、素足で。暗く冷たい道路を裸足で歩いてきて、偶然、帰宅した息子が出くわしたわけだ。

「おばちゃん、いったいどうしたの？」

恵子さんは驚いて訊ねた。

「着替えが見つからないのよ」

千代さんは平然とそう言った。

白内障で視力もわずかな千代さんが夜道を歩くことは、あまりにも危険な行為だった。幸いにも徘徊ではなく、お漏らしをして下着が見つからないという理由があってやって来たこととはいえ、恵子さんはもはや千代さんをひとりにできないと思った。

各サービスを利用し、ひとり暮らしの叔母の綱渡り介護

この出来事の後、恵子さんは千代さんの入所できる施設を探しはじめる。そして、町内にある二つの特養に申し込むが、要介護二であったことから、すぐに入所できる見込みは薄かった。

そこで、ヘルパーを可能なかぎり頼み、なんとか千代さんをひとりにさせないようにと

考えた。

デイサービスは大嫌いであったため、朝、昼、夕方といった要所でヘルパーに来てもらった。そして、寝る前に恵子さんが駆けつけて、寝ついた頃に帰るということを繰り返した。

その後、なんとか老人保健施設（老健）に入ることができた。独居老人ということ、さらに問題行動があり、面倒をみる者がいないため優先してもらえたようだ、と恵子さん。費用については、町の減免制度もあり、年金でなんとか入所を継続できた。

ところが、施設に入ると思わぬことが起きた。

「気が緩んだのか、九〇歳近い高齢のせいか、老健に入ったらいろいろな病気が出はじめたんです」

入所してすぐに卵大の大きな膀胱結石が見つかり、手術をするために病院に入院することになってしまう。無事、退院すると、再び老健に入所するものの、しばらくして喘息が出てまたも入院。その後も、肺炎を患い入院するなど、つぎつぎと病に見舞われていく。

最終的には特養に入所することを望んでいた千代さんは、要介護三になったとき、そのチャンスがめぐってきて、特養に入所できた。

しかし、特養でも転倒し、骨折してしまう。またまた入院、骨をボルトでつなぐ大手術をする。入院が長引いて、元の特養にはもう戻れない。このまま寝たきりかと思われたが、予想外に早い回復をみせ、リハビリのためにまた老健に入所した。

もともと足腰が丈夫で、トイレも手すりをつたって自分で歩いて行ける千代さんに、恵子さんは感心した。

「介護認定の訪問調査で、立てますか、と聞かれて、スーっと立つんです。それで要介護二になって、特養に入所できなくなってしまいました（笑）」

現在は骨折は回復しているが、肺炎を起こして、老健への入退所を繰り返している。老健に入所中は家に帰りたいと漏らすこともあるという。

「いろいろな問題はありますが、家族のいない叔母が人並みに老後を過ごしていることを思うと、介護の社会化が進んだお陰だと思います。どんな介護にせよ、介護者と要介護者が孤立しないことが大切ですね」

恵子さんは介護保険が始まる前に、町の介護保険策定委員会の公募委員をしており、制度のことはよく知っていた。それでも、サービスや施設をどう使うかは、ひとりひとりの状況でまったくちがうものとなる。そのうえ、実際にどこにどんな施設があり、自治体ではどんなサービスがあるかなど、現場で経験しないと理解できないことが多い、と恵子さんは言う。

「困っていても何をしていいのかわからない人がたくさんいる」

恵子さんが介護保険策定委員会の公募委員になったのは、町が実施していた訪問入浴サービスのボランティアスタッフを経験していたことがきっかけだった。入浴サービスは義母の芳江さんが利用していて、入浴に付き添う看護師が恵子さんの友人でもあったことから、自然と介護の世界に入り込んでいったのである。

その後、介護者の会にもボランティアスタッフとしてかかわるようになり、在宅介護者の話を聞き、ときには相談にのることもあった。介護者の会の会長が恵子さんの息子が通っていた保育園の保母さんだったことなど、ここでも不思議な縁があったという。

こうして地域でいろいろな介護者と出会う中で恵子さんは、まだまだ介護への理解不足や偏見などがあることにも気づいた。

「ある家庭では、ご主人が理解のない人で、『自宅でみれば介護保険を使う必要なんてないだろ』と言って、なんのサービスも使わせてくれないというケースもありました」

恵子さんは、そうした家庭があれば、地域包括支援センターに相談して、センターの職員に訪問してもらうようにお願いしている。

家庭だけにまかせていると、理解のない人がいれば、その先に進むことはむずかしいという。保険料を払っているのに、介護保険サービスを受けずにいる人は少なくない。それも介護の大きな課題でもある。

身近な所にそんな家庭があることを知った恵子さんは、地域にはまだまだ表に出てこないこうした人たちがたくさんいるのではないか、と危惧している。

「要介護までいかない要支援の人に対しても、いろいろなサービスがあるのですが、使っていない人が多くいます。地域には困っていても何をしていいのかわからない人がたくさんいるんですね。たとえば、叔母もそうです。結局、制度ができても、そういう高齢者に世話を焼く人がいないと、活用できないんです。それが大きな問題となっているように思います」

サービスを知らずに、仕事を辞めて介護する人もいる。上手く活用する方法やサービスの情報を集めて上手な介護をしてほしい、と恵子さん。

介護認定を受けている人にはケアマネージャーがついてくれるので、それなりの情報を受け取ることはできる。しかし、それ以外の独居老人などは、まったく情報がないまま、受けられるサービスも受けず、困窮していることもあるのだ。

介護している人たちの交流が必要

「民生委員という、地域の世話役がいるにはいますが、いざ家庭に出向くと『誰から聞いて来たんだ』と、詰め寄られることもあるそうです。人助けと思っても、余計なお世話とみられることは世の常ですね。そうしたむずかしさが介護にはつねに付きまとっていると思います」

さらに、「介護者の会は介護で悩む人がいつでも誰でも入会できるのですが、新規で入会する人が最近は少ないです」と、恵子さんは嘆く。

介護保険制度は、個人が在宅で介護するのを支援する制度でもある。そのため、サービスを利用してさえいれば、他人と交流しなくても問題なくやっていける。介護者の会のような他人との交流を面倒臭いと考える人が増えているようだ。自分ひとりでなんとかなる、といった殻に閉じこもることも、制度の副産物なのかもしれない。

「介護者の会がなぜ必要なのかというと、他の人に話すと愚痴と思われることでも、介護をしている人であれば、ちゃんと聞いてくれ、理解してくれるからです。それが一番心強いわけです。介護経験のない人は真剣に聞いてくれないので、自然と話さなくなり、話さないことがストレスとなっていくんです」

介護中に話を聞いてくれるだけで、心の中のわだかまったものが解消することもある。そのことを自身も経験しているからこそ、恵子さんは介護者の会のボランティアを一〇年も続けてこられた。

まわりが見えなくて、困った困ったと悩んでいる人がまだまだ多くいる現状にこそ、もっとも大きな問題が潜んでいる、と恵子さんは考える。そんな人たちと、どのように手を携えていけるか、現在、恵子さんは、社会福祉協議会が運営しているサービス協会のヘルパーとして奮闘しつづけている。

◇ひとくちアドバイス

在宅復帰をめざす施設　**介護老人保健施設（老健）**

麻痺やケガで要介護一〜五に認定された方が、病院での治療を終え、安定した状態で原則三カ月の間、リハビリテーションや看護・介護を受け、家庭への復帰をめざすのが介護老人保健施設。

病院を退院した人の受け皿としての役割が強いため、医療面のサービスも特養とくらべると充実している。医師や理学療法士、看護師、介護スタッフなどが勤務し、協力して利用者のケアをおこなう。ケガや麻痺の程度が安定し、他の利用者に迷惑をかけないことが条件であり、認知症の有無はあまり問題ではない。リハビリテーションは運動、マッサージなどの理学療法や、計算ドリルや手芸などの作業療法を専門家がおこない、さらに車椅子や歩行器での移動、手すりを使っての移動など、日常生活にもリハビリを取り入れている。

介護老人保健施設では、四人程度の相部屋が主流で、個室を増やそうという取り組みも進んでいる。相部屋の場合、一カ月の費用は七〜一二万円程度。個室の場合は、二〇万円を超えることもある。

申し込みは原則、施設にする。まずは連絡をして見学をする。その上で、施設指定の診療情報提供書や日常生活動作表を病院に記入してもらい添えて申し込み、施設が判定をし入所できるかどうか決定する。要介護度やベッドの空き状態によって異なるが、一〜六カ月程度待たされることもある。地域にある老健については地域包括支援センターに情報があるので、訪ねてみるといい。

介護士になったフィリピン人妻

佐川マリアさん◎介護士
設計事務所を経営する夫、息子二人、夫の両親の六人家族

佐川マリアさんは一九歳のときに、フィリピンから就労のため日本にやって来た。すぐにいまの夫の真治さんと出会い結婚し、東京にほど近い埼玉県のとある市で、真治さんの両親と同居の新婚生活が始まった。マリアさんは、幸せな家庭をもつことができたと喜んだ。しかしそのときは、やがて日本の家族問題、とくに高齢者介護の問題に巻き込まれていくことになるとは思ってもいなかった。

育児と義父の介護が同時にやって来る

真治さんは自宅近くで設計事務所をもち、毎晩遅くまで仕事をしていた。ときどきマリアさんも仕事を手伝うことがあった。やがて、男の子が生まれ、子育てに専念しようとし

た矢先のこと、義父の茂男さんが食道・胃ガンで入院してしまう。患部を切り取る手術は成功したが、退院後は、マリアさんがつきっきりの介護をすることとなる。

一番手がかかったのは食事。茂男さんは、一回に食べる量は少ないものの、一日に六、七回も食事をとる。胃を切除したため、小さく刻んで食べやすくして食事を出したが、そのぶん茂男さんは食べるのが早かった。食べることを制限され、食べたいものが食べられないため、茂男さんはよく愚痴をこぼした。

つぎにたいへんだったのがトイレ。自分で行くことはできたが、転倒しやすいため、マリアさんが必ず付き添った。茂男さんはトイレに行くとき、真夜中でも必ずマリアさんを呼んだ。寝床に入っても、義父のことが心配で寝つけないことが少なくなかった。

小さな子どもを育てながら義父の介護、さらに設計事務所での仕事もこなし、辛くて泣いたこともあった。そんなマリアさんに、真治さんは「すまない」と謝りはしたが、介護を手伝ってはくれない。

マリアさんは離婚しようかとも考えたという。しかし、義父母ともマリアさんを頼りとし、いなくなれば困ってしまうだろうと、離婚を思いとどまった。

そんなときに支えてくれたのは、同じフィリピンから来た友人たちだった。「介護に疲れたら、フィリピン人の友人と会って食べたり飲んだりしてリセットしていました」

知人に誘われ、介護施設の職員になる

それから二年ほど経つと茂男さんの体調は落ち着いてきて、茂男さんのそばに毎日ついていながらも時間の余裕が少しはでき、マリアさんは知人に誘われ、介護施設のボランティアを始めることになった。日本語学校にも通い、ホームヘルパーの資格もとった。出かけるときは、茂男さんの食事をあらかじめつくって冷凍し、義母の富子さんに電子レンジで解凍して食べさせてもらった。

介護施設で真面目に働いていた実績が認められ、数年後にマリアさんは正社員として雇用されるようになった。勤務形態は昼勤と夜勤のシフト制であるため、介護は富子さんと協力してするようにした。

そんな暮らしが、一五年ほど続いた。

茂男さんが喘息を患ったことから、空気のきれいな埼玉県の郊外に引っ越した。いわゆる分譲住宅地で、これまで住んでいた賑やかな街とは異なり、平日は人の気配がない閑静な街である。

平穏な生活が続くように思われた。しかし、今度は義母の富子さんが脳梗塞で倒れてし

まう。入院は四カ月間におよび、マリアさんは仕事から帰ると、まず病院に行き、富子さんの世話をし、帰ってくると、茂男さんの介護をした。

ふたりの介護と仕事を両立させることはたいへんだ。マリアさんは仕方なく仕事を辞めざるをえなかった。

一方、茂男さんは次第に衰弱し、要介護五の状態になり、デイサービス、ホームヘルパー、訪問看護師などを利用して在宅介護を続けた。しかし、仕事を辞めてふたりの介護をしはじめた四カ月後に茂男さんは亡くなる。マリアさんが介護を始めて一七年目であった。

茂男さんが亡くなると、マリアさんは再び介護施設の仕事に復帰した。だが、マリアさんが昼間の勤務のとき、富子さんはひとりで家にいることになる。富子さんは誰もいないと不安になって泣いたり、部屋を歩きまわり転倒することもあった。

そこでマリアさんは、仕事で帰宅が遅くなるときは、子どもたちに家に早く帰ってくるよう頼んだ。また、富子さんの兄弟や親戚にも、電話をかけてもらったり、家に来て富子さんの話し相手になってくれるよう頼んだ。富子さんは八人兄弟で、みんなの絆が深まり、何かあっても助け合う気持ちが生まれると考えたのである。親戚が集まると、マリアさんは決まってそう頼み、それで家には来客が増え、賑やかなふん囲気の佐川家となった。

若い職員に「おかあさん」と呼ばれ

施設では、マリアさんは介護士のリーダーとして、職場をとりまとめている。若い職員や利用者のよき相談役となり、人望は厚い。

ある日、新人の職員がケアプランの作成に半日も悩み、マリアさんに助けを求めてきた。若い女性職員は長時間、用紙とにらめっこした状態であった。そんなに根を詰めていては良いプランはできないと思い、マリアさんは「とりあえずお茶でもしましょう」と言って休憩を入れた。お得意のジョークも飛び出し若い職員は笑った。その後、その職員は肩の力が抜けたのか、すっきりした表情で再びプラン作成に向かった。

何かと細かく指導するリーダーもいるが、マリアさんは職員の状況を見て、そのときに一番必要なことだけを助言する。

二〇代の職員は、マリアさんのことを「おかあさん」と呼ぶ。夜勤の職員に、お粥をつくってあげることもある。昼間に小腹が空いたとき、おやつをつくって分けたりもする。

「小さなことですが、それによってやる気を出してくれればいいんです。職員がだらけて仕事をしてもらいたくありませんから」

職員だけでなく、施設の利用者である高齢者にとってもマリアさんの存在は大きい。マリアさんは仕事を始める前に、利用者の部屋をすべてまわり、ひとりひとりと話をしていく。

「みんなの笑顔を見てからでないと、仕事が始まらないんです」

しかし、利用者のことを考えすぎると、上司に注意されることもあるという。寂しい話だが、現実は利用者が第一とは限らないことが多々あるようだ。

利用者第一で考える

利用者の中には職員に声をかけづらいという人もいる。だが、マリアさんだけは別のようで、利用者はみんな、笑顔で迎えてくれる。

「嬉しいですけど、私がいないときに声をかけないでがまんしているということは、あまりいいことではないですね。お風呂をがまんするとか、食事をがまんすると困ります。だから、どんどん甘えなさい、と利用者には言います。同時に職員にも利用者ががまんしていることを伝えます」

たとえば、女性の高齢者の中には男性職員が苦手な人もいる。利用者には、もっと甘えてみるように促し、男性職員たちには苦手に思われていることを伝えるのである。そして、少しずつ互いの距離を近づけるようにさせていく。

「できれば、その利用者の近くに座って、できるだけそばにいるようにして」と、男性職員たちにアドバイスをする。

また、職員の中には利用者のいる部屋で、その利用者の状態などを話す者がいる。認知症だから聞かれても平気だ、といった意識があるのかもしれないという。

「職員がその部屋の利用者のことを、利用者の目の前で話すので、利用者は怒ってにらむんです。でも、職員はそんなことにかまわずえんえんと話しつづけました」

その間、マリアさんは利用者の手をとってなでたり、肩をもんだりして気を落ち着かせようとした。だが、職員はいっこうに話を止めようとしないので、「外に出て話しましょう」と言って外に誘導した。

また、利用者が失禁してしまうことを職員がとても嫌がることもよくない、とマリアさんは思っている。後始末が面倒だから、利用者につい文句を言う職員がいる。失禁など現場では当たり前のことであり、それで利用者を責めるようなことはまちがっているという。マリアさんがもっとも嫌いな処置が摘便である。二、三日便が出ない女性に対して、職員は浣腸をし、それでも排便しないと摘便で出させようとする。女性は痛がって顔をゆがめる。マリアさんは「止めましょう」と、職員に言う。

「出るときは出るんです。自然にもよおしてくるまで待つことも大事だと思います」

便秘が長引くと、排便したときに後始末に手を焼くことが多い。職員の心配はそこにある。しかし、マリアさんは言う。

「ひとりでやろうとしないで、ふたりで後始末をすれば大した手間ではないです」

利用者のことをどこまで考えるかは施設の方針にもよるが、気遣いや思いやりのない行動で利用者を傷つけることがあってはならないのである。

職員も入所者もストレスを抱え

「介護の仕事は楽しい」と、マリアさんはきっぱりと言う。

施設では辞めていく職員が多い。職員のストレスは大きい。労働条件や環境あるいは入所者との関係など、ストレスを溜める契機はたくさんある。経営者は職員に辞められても、新たに募集すればいいと、安易に考えているケースもある。

また、認知症の入所者に悩まされる職員も多い。認知症患者の暴言や妄想に上手く対応できなくなり、ストレスを抱える職員をマリアさんは多く見てきた。

「施設の介護の質が悪いからと入所しない人もいますが、入所者の暴言や態度に疲れ、悩みストレスを溜めて辞めていく職員が多くいます。介護の経験がない若い人は、とくに心構えや理念を日頃から教えて、サポートしていく必要があります。介護はする側とされる側の両方がストレスをもつ可能性が高く、制度では解決できない問題でもあると思います」

介護保険制度によって施設の利用が広がり、大きな事業分野になっている。職能としては資格をとり一定の技術さえあれば誰でも働くことができるようになったが、コミュニケーション能力は資格では得られない。コミュニケーションのとり方次第で、自分も入所者もストレスを溜めることとなり、やがて離職していく。

こうした問題を危惧しているマリアさんは、もっと入所者の側に立って仕事をしなさいと若い職員たちに言う。それは施設の理念でもあるのに、職員も施設側も自分たちの都合で仕事をしていることがある。本来の理念どおりにやれば、すべての職員が入所者とのコミュニケーションを高めていくことができると、マリアさんは確信している。

またマリアさんは、自分の意見を述べることを強く勧める。

「黙っていてはダメ。言いたいことを言って向かい合っていかなかったら、どこの職場に行っても同じだよ」と。

日本人はなかなか自分の意見を言えない人が多い。そのことをマリアさんは、とても不幸だと思っている。意見を述べることは介護の現場で働こうが、企業で働こうが、どこであろうと必要なことである。

「言って嫌われたらどうしよう、という人が多いですけど、私は嫌われてもいいから言うことを言う、というスタンスで仕事に就いています。それが利用者にとって有益なことであれば、黙っていることはないですよ」

そんなマリアさんも、失敗することもある。失敗を指摘されても、どこがまちがっているのかわからないこともある。そんなときは必ずメモにとって、何がどうなっているのか整理してから話すよう心がけている。

かつては問題があると、すぐに対処はするが原因や責任の所在が不明で、つぎに生かせないことが多かった。そこで、マリアさんは何か問題が発生すると、そのことをノートに書き留めて、頭の中を整理する。

「整理して考えるために、一日だけ時間をおいて問題点や原因を書き出します。それによって、こう言われたけど、私はこうしたい、という自分の意見が言えます。みんなも冷静になって反省したり注意したりすることができるようになります。問題はきちんと話し合って解決していくことが大切だと思います」

子ども会、学校のＰＴＡなどにも積極的に加わる

よく話し合う習慣は、地域社会でも発揮されている。

マリアさんは地域のボランティア活動や子ども会、学校のＰＴＡなどにも積極的に加わり、社会に深く溶け込んできた。子どもたちの環境をよりよくつくっていきたいと思っているからだ。地域の人が話し合い、互いに助け合う関係を築いていけば、子どもたちを守れる環境ができる。そうした地域では、やがて子どもたちも次代の地域を支えていくようになる、とマリアさんは言う。

「『仕事もしながら、よく頑張るね』と言われることがあります。それは、やはり家族が協力してくれるからです。ひとりで頑張っている友人もいますが、体を壊したり、挫折したりして見ていられないことがあります」

同じフィリピン人で介護の仕事に就きたいという人が増えているそうだが、その先駆けとなったマリアさんは、彼女たちの憧れであり、よき相談相手となっている。

「現場で頑張っているフィリピン人の多くは、介護という仕事が好きなんです。彼女たちはたくましいですよ。根を上げないし、頑張り屋です。でも、やっぱり好きというだけで

は駄目で、生活していけるようにレベルを上げていく必要があります。それによって初めてプロ意識が芽生え、きちんと介護に向き合うことができます」

自分たちの将来のことを考えると、自分の子どもにもフィリピンの人にもいい加減な気持ちでは接することはできないとマリアさん。若い人にいい社会をつくってもらいたいし、いい介護をしてもらいたいと思っているのだ。

「自分が介護されるときのことを考えると、いまのままでは不安があります。だからいま、私は若い人に自分の考え方や行動を見せ、教えているんです」

フィリピンの若い介護スタッフを育成していきたい

日本でのフィリピン人女性の結婚が社会的に話題になってから久しい。グローバル化の進展で、それもめずらしいことではなくなった。そして、結婚した彼女たちにも、家族の介護問題が待ち構えている。現在、日本では、結婚してすぐに、年の差が大きい夫の介護に直面するフィリピン人女性が少なくないという。

彼女たちの中には、夫の介護のためにホームヘルパーの講習を受ける人もいる。家族のためにと介護をしつづける。高齢化社会を迎えている日本で、フィリピン人の妻たちも日本の社会を支えているのだ。

マリアさんの夢は、自分で施設を経営することだという。まずは義母をはじめ、地域の高齢者を受け入れ、フィリピンの若い介護スタッフを育成していきたいとも言う。いまの施設や介護保険制度のあり方に疑問をもっているマリアさんは、自分の施設をモデルケースとして新たな施設づくりをめざしたいと考えているのだ。

◇ひとくちアドバイス

介護現場のグローバル化

外国人介護士の受け入れ

厚生労働省は外国人の介護士を受け入れようと、経済連携協定(EPA)にもとづき、二〇〇八年にインドネシアから、〇九年にフィリピンから看護師・介護福祉士候補者を受け入れている。二〇一一年七月で、累計一三六〇人が来日している。

しかし、日本でプロとして勤務するためには国家試験にパスしなければならず、その壁は高い。問題は日本語でおこなわれる試験のむずかしさにある。

腫脹《しゅちょう》、罹患《りかん》、仰臥位《ぎょうがい》といった専門用語が多く、文章もわかりにくい。これに対して厚生労働省は、「医師や看護師などと連携して業務を行う上で必要」「易しい日本語に置き換えると学問の体系が崩れたり、現場に混乱が生じる」と説明する。

また、外国人実習生は日本の介護施設で三年間の実務経験をしてから国家試験を受ける。ところが滞在は四年間と限られているため、受験チャンスは一回しかない。こうした条件もあって、来日する実習生は年々減ってきている。

そうした中、今年はむずかしい漢字にふりがなを付け、病名には英語が併記されるなど、試験問題に配慮がみられるようになった。設問自体も実際の業務に役立つようなものが目立った。その結果、介護福祉士試験で計三六人のインドネシア人とフィリピン人が合格した。合格率は三七・九パーセント（全体は六三・九パーセント）。まだまだ改善の余地は多いが、少しずつ前進しているようにも思える。

これからますます高齢化が進む日本で、人手が足りない介護の現場において外国人介護士の手を借りなければならないのは明らかである。

母のために介護施設をつくった女性

筒井すみ子さん
◎介護施設経営者
会社員の夫、娘・息子の四人家族

筒井すみ子さんは、大手企業に勤める夫の一郎さんと娘、息子の四人家族で、神奈川県座間市の田畑が残るのどかな住宅地で暮らしていた。

すみ子さんは専業主婦ではない。障害者施設をはじめ高齢者施設や社会福祉協議会（社協）で働く、いわば社会福祉の専門家である。

すみ子さんには夢があった。認知症の高齢者と数多く接するうちに、高齢者や障害者にかかわらず、健常者も子どもも含めて、誰もが安心して生活できる居場所をつくりたい、と考えていたのである。しかし、そうした施設をつくる夢はあっても資金も知恵もない。いつか叶えばいいが、そんな簡単にできることではないことは、すみ子さん自身が誰よりもわかっていたことだった。そんなとき、田舎の弟から連絡があった。

家庭的なふん囲気の託老所をつくる

すみ子さんの母、明子さんは、田舎で息子（すみ子さんの弟）と暮らしていたが、認知症になり、弟が面倒をみきれないと言い出したのである。すみ子さんはいずれ引き取ろうと考えていたが、勤めているため自宅で面倒をみることができない。しかし、弟はすっかり手を焼いている。そこで仕方なく、明子さんを引き取った。

資金づくりのために、社協を辞めて賃金の高い病院のソーシャルワーカーへと転職した。そして二年後、なんとかまとまった資金を貯めた。施設にする家は、民家を借りたため内装や備品などで資金を使ってしまい、手持ちの金は五〇万円ほどとなった。

それでも、なんとか普通の家を利用した家庭的なふん囲気のデイサービスをつくり、夢の一歩を踏み出したのである。施設名は「デイサービスふれんどりぃ」と名づけた。

だが、問題はスタッフをどうするかである。手持ちの金は五〇万円しかない。当然、雇うことはできない。ならばと、すみ子さんはボランティアで協力してくれる人を探した。知り合いに声をかけ、なんとか手伝ってくれないかと説得した。

すると、協力したいと集まってきたボランティアは一〇名にもなった。

「お金がないからと必死でお願いしてまわりました。『あなたのためにやってあげるよ』と言われたときは、涙が出るほど嬉しかったですね」

地域のため、そしてすみ子さんのために、みんなが手伝いにやってきてくれたのである。こうして、ボランティア・スタッフ一〇人が自分たちのできる時間でシフトをつくり、事業としてなんとかスタートした。

七人の高齢者が利用してくれた。朝の九時から夜の九時まで利用者をあずかり、送迎はすみ子さんが自家用車でおこなった。

利用者のケアはボランティア・スタッフが対応してくれたが、事務作業はすみ子さんしかできない。パソコンも不慣れであったため、きちんと請求できたのは二カ月目となってしまった。

それから半年が経った。ようやく給与が払える見込みが立つと、「これからは給与を払えそうなので、雇用契約を交わしましょう」とすみ子さんは言った。

みんな、喜ぶだろうと思った。ところが、ボランティア・スタッフは思いもよらないことを言った。

「『私たちの役割は終わった』って言うんです。仕事としてやるのは本意じゃないと。自分たちは、事業が軌道に乗るまでと考えていたようです」

ボランティア・スタッフのみんなは「これからは職業として人を雇って頑張ってね」と励ましてくれた。すみ子さんはこんなにいい人たちに支えられていたのだと、あらためて感じ、地元に貢献しなければと思った。
「あの人たちがいなければ、いまの私はありませんね」

小規模多機能型介護施設「ふれんどりぃの家」

利用者の費用は、九時から一八時までは介護保険が適用されるが、時間外と宿泊は保険が適用されない。そのため、宿泊介護もおこなうと、実費一万円ほどを徴収せざるをえなかった。それでも宿泊を希望する人が多くいた。

これではとてもお年寄りのためにならない。そう考えていた矢先、介護保険が改正され、宿泊費にも保険が使えるようになる。そして、施設は理想に近い小規模多機能型の介護施設として登録することができた。施設名は「ふれんどりぃの家」と名づけた。

こうして、いつでもショートステイができる環境が整った。一般住宅を利用して、九人ほどの利用者をあずかる「ふれんどりぃの家」は、大規模な施設にはない「家庭」のふん囲気がある。職員は一四人、利用者ひとりひとりに寄り添って介護する、まさにめざしていた施設が再スタートしたのである。基本は一〇時から一六時までのデイサービスだが、早朝や夜間などの時間外でも対応するという姿勢が特徴だ。

さて、この「ふれんどりぃの家」は地域のためではあったが、母の明子さんを介護するためでもあった。ところが、明子さんは脳梗塞を起こして、寝たきりとなってしまい、「ふれんどりぃの家」であずかることができなくなってしまった。

全介助の寝たきり老人も介護する施設「ふれんどりぃの郷」

「ふれんどりぃの家」では比較的軽度の認知症の方が多く、スタッフも症状が重度の利用者とは接したことが少なかった。そこですみ子さんは、今度は全介助の寝たきり老人など重度の高齢者もあずかることができる施設をつくろうと考えたのである。

しかし、再び銀行から借金しての事業拡大に、夫の一郎さんも子どもたちも賛成はしてくれない。それでも、新しい施設に使えそうな物件探しからはじめ、銀行に新たな融資を依頼し、役所にも手続きをしに出かけた。

そんなことは早々にできるものではないが、程なくして運良くいい物件が出てきた。融資についても、意外にもスムーズに銀行がＯＫしてくれた。新たに増えた一億円という借金に、自らの責任を感じずにはいられなかった。

「もう、後戻りはできないと思いましたね。母のためとはいえ、大きな負債を抱えて介護施設をつくりましたから。あまりにも順調に事が進んだので、私も驚きました。主人も私があきらめているとばかり思っていたようで、融資が下りたと言ったら怒られました」

根が楽天的で、あまり小さなことにくよくよしないすみ子さん。とにかく思ったら即行動するタイプだ。今度の物件は住宅と施設が併設でき、ほどよい大きさの庭もある。新たな施設は「ふれんどりぃの郷」と名づけられた。こちらも「ふれんどりぃの家」と同じく小規模多機能型居宅介護事業所で、一五名の利用者が登録され、スタッフも二〇名近くいる。同じ敷地の中に事務所棟も設けて「ふれんどりぃ」の拠点とした。

「ここなら母をみれるかもしれない」とすみ子さんは思った。

重度の母を病院から引き取る

戸建て住宅を利用した「ふれんどりぃの家」にくらべて、広い敷地と施設で始めた「ふれんどりぃの郷」では、重度の利用者を多く受け入れている。この新たな施設ができたことで、母の明子さんを病院から引き取ることができた。

しかし、明子さんは寝たきりとなっていたうえ、胃ろうと吸引が施され、しかも重度の認知症で、つきっきりの介護が必要だ。それでもすみ子さんは自分で介護することを決意し、「ふれんどりぃの郷」のスタッフに協力を仰いだ。

重度の高齢者を受け入れることは、スタッフにとっては重荷となることもある。「ふれんどりぃの郷」を始めた当初、重度の認知症の町田さんをめぐり、すみ子さんとスタッフの意見が対立したことがあった。

町田さんの家族は「ふれんどりぃの郷」に入ることを希望していたが、徘徊があり、暴力を振るう。どうみても手間がかかることは明らかだった。しかし、すみ子さんは受け入れることを決めた。

しばらくして担当についていた男性スタッフが、これ以上は無理だと訴えてきた。町田さんは「ふれんどりぃの郷」を出れば、特別養護老人ホームなどに入所するしかない。家族はなんとか在宅で介護したいと言っている。すみ子さんはスタッフ会議を開いた。

「家族が在宅で頑張りたいと言っているのに、それをサポートするはずの私たちが拒否したら、なんのためのサービスかわからないですよ。結局、手間のかからない人だけ受け入れるようになれば、本当に困っている人を救えないんです。誰もできないのであれば、私ひとりでもやります」

すみ子さんの言葉にスタッフがもう一度やると言ってくれた。こうして重度の利用者の受け入れ経験を積むことで、スタッフもまた成長していくことができた。

重度の利用者に対しては、まずすみ子さんが対応して、少しずつスタッフにバトンタッチしていく。すみ子さんは以前、障害者施設でも働いていたことがあり、体の大きな男性や問題行動を起こす人とも接してきた。その経験を介護で生かしているのである。

町田さんはいまも「ふれんどりぃの郷」を利用している。現在は認知症が進み、体も弱ってきたため、暴力も徘徊もなくなった。重度の要介護者は、多くが病院か施設にあずけてしまわれがちだが、「ふれんどりぃの郷」は在宅で最後まで頑張れるよう支えている。

病院でも家庭でもなく、「ふれんどりぃの郷」で看取る

グループホームや入所施設をつくらないかと勧められることもあるが、家庭と距離ができてしまうので断っていると、すみ子さんは言う。

「在宅で頑張る家族を応援するために、そして母を介護するために始めたのが『ふれんどりぃの家』と『ふれんどりぃの郷』です。はじめて六年になりますが、一貫して在宅をサポートしてきましたし、これからも変わらないでしょうね」

在宅介護を続けても、最後は病院に入院して死を迎えることが少なくない。できれば家で看取られたいという人は多いが、家族は少しでも生きていてほしいと入院させたり、家族だけで看取るのは怖い、心細いという人が多い。こうして自宅で看取る家族は少なくなった。

すみ子さんは、最期が近づいた利用者の家族には、どこで最期を迎えたいか訊ねることにしている。病院か、家か、「ふれんどりぃの郷」かを選んでもらう。そして家族の意思を聞いたうえで、「ふれんどりぃの郷」を選択した家族には、同意書を交わして「ふれんどりぃの郷」で看取りをおこなう。亡くなる前には、希望すれば家族が一緒に寝泊りできるようにもしている。

「ふれんどりぃの郷」で亡くなった場合は、往診の医師に死亡診断をしてもらう。在宅での看取りを奨励している医師で、夜中でも来てくれるという。

亡くなると、スタッフと家族で本人をお風呂に入れ、体を拭《ふ》いてあげる。病院ではなかなかできないことだ。すみ子さんは「人の死はとても穏やかで、怖いということではまったくない」と語る。

「昔、おばあちゃんが亡くなったとき、みんなでおばあちゃんの周りを囲んで看取った記憶があります。誰ともなく話しかけたり、昔ばなしをしたりして、死が怖いというふん囲気はなくて、ご苦労様でした、という想いが広がっていましたね」

しかし、死は予定どおりにやってくるものではない。

「ある人は、医師が別の患者さんの往診中に急に亡くなってしまいました。先に来たのは家族のほうで、娘さんと奥さんにはあらかじめ看取りの話をしていたのですが、息子さんには話していませんでした。すると息子さんが、こんなに体が温かいのになんで救急車を呼ばないいんだ、と怒り出したんです。それで本人と家族の方が承諾していただいていることを告げたのですが、なかなか理解してもらえませんでした。仕方なく救急車を呼びました。でも搬送する前に、医師が来て死亡診断したので、救急車には帰ってもらいました。それから、みんなで故人をお風呂に入れて洗ってあげました。もちろん息子さんも洗ってくれたのですが、それまで怒っていた息子さんが一生懸命洗っていました」

その後、葬式のときには、息子さんはすみ子さんに感謝の言葉を述べたという。

「本人は家で最期を迎えたいのだと思います。でも家族はそうは思っていないこともあります。老衰で亡くなった別の男性の場合も、家族から、家で看取るのは無理だと言われました。家で死ぬのはやはりむずかしい問題なんですね」

食事を食べなくなった、ある別の男性のケースでは、医師から食事をしなくなったら二日しかもたないと言われていたので、家族に「ふれんどりぃの郷」に来てもらい、最後の二日間を一緒に過ごしてもらうよう頼んだ。宿泊はしてもらえなかったが、最期はそばについてあげることができた。家族はたいへん喜んだという。

「『ふれんどりぃの郷』で最後まで面倒みてほしいと家族が希望するのであれば、とことん面倒をみます」というすみ子さん。

看取りは家族とのトラブルになる可能性がある。助かるものも助からない、といった意見もある。だからこそ施設と家族が信頼関係で結ばれていることが重要なのである。「ふれんどりぃの郷」では現在、看取り指針のマニュアルを作成し、家族と話し合い、家族が安心して看取ることができるよう努めている。

それは、ある意味で事業とは切り離して考える必要があるのかもしれない。経営に徹すればメリットは少ないだろう。看取りは家族と施設の信頼関係の上に成り立つもので、看取り費などあるわけではない。双方にとって満足な看取りを実現するためにはこの信頼関係こそが最大の要素といえるのだ。

人の死を真剣に考え、本当に幸せな最期を迎えるためにはどうあるべきか、そのことを考えておく必要がある。そのためには家族とたくさん話し、長く付き合って、心から信頼してもらわなければできないことだ、とすみ子さんは語る。

末期ガンの要介護者を看取って

八〇代の仲村松子さんは、息子夫婦と孫三人の六人家族で、要介護と認定され、デイサービスで「ふれんどりぃの郷」を利用していた。数年間、毎日のように「ふれんどりぃの郷」に通っていたが、やがてガンを発症し入院することとなった。しかし、その後治療の甲斐もなく残り数カ月の命と診断された。

家族は、松子さんが残りの人生を病院で過ごすよりも、「ふれんどりぃの郷」でふだんどおりに過ごすことを望んだ。相談を受けたすみ子さんも、「もう一度、うちで引き取ろう」と決意した。

「ふれんどりぃの郷」では松子さんを受け入れる準備を開始。亡くなるまでの期間、宿泊（ショートステイ）しつづけることにした。気心のしれたスタッフに囲まれ、家にいるように過ごし、万一の場合は夜中でも往診してくれる医師が近くにいる。残された日々を少しでも明るく楽しく過ごせるようにと、夜勤を含めたスタッフの態勢をつくった。

そして、松子さんは、再び「ふれんどりぃの郷」に戻ってきた。末期ガンではあったが意識はしっかりし、自分で食べることもできた。以前は洗濯物を干したり、たたんだりするのが好きで、スタッフのように働いてくれたが、今度は同じようにはいかないまでも、できるかぎり手伝おうと体を動かした。

ふだんはデイサービスにやってくるお年寄りたちと一緒に、散歩や運動や食事をして一日を過ごした。毎年四月に行くイチゴ狩りも、松子さんら数名だけ三月に行った。主治医は、イチゴ狩りと聞いて驚きを隠さなかった。だが、すみ子さんはなんとしてでも松子さんを連れて行きたかった。そして当日、松子さんと家族全員、そしてスタッフとでイチゴ狩りに出かけた。

松子さんと家族は、その日の夕飯をファミリーレストランでとり、スタッフは遠くから見守った。久しぶりに家族全員で食べる食事に松子さんも、食が進んだようだった。

次第にガンが進行してくると、松子さんは寝ていることが多くなった。少しでも元気になってもらおうと、すみ子さんは美容室に連れて行った。車椅子に座ったまま、美容師に髪を切ってもらうと、久しぶりに笑顔が戻ってきた。その日は午後もずっと起きて楽しそうにしていた。

そして最期のときは、早朝五時にやってきた。知らせを受けた家族に見守られ、松子さんは亡くなった。

すぐに主治医に連絡した。家族はすでに心構えができていたことから、落ち着いて行動した。お風呂につかった松子さんの体をみんなで洗った。温かい松子さんの体に触れ、家族は一つになっていくように思われた。涙も見られたが、辛く悲しい涙ではない。

看取りについて家族と何度も打ち合わせをし、どのように最期を迎えるかについて話し合いをしてきた。結局、松子さんは一度も家に帰ることはなかったが、家族が「ふれんどりぃの郷」に来て松子さんに会うことで、絆を保つことができたのである。

ひとりの人間の死は、家族やスタッフにさまざまなことをもたらしてくれた。自分たちにできることは命を救うことではない。ふだんの生活を送れるようサポートしていくことだと、すみ子さんは語る。

スタッフの中には、家族が病院で最期を迎えることを望んでいるのなら、わざわざ「ふれんどりぃの郷」で看取りをすべきではない、と言う者もいる。しかし、すみ子さんは少しちがう意見だ。

「家族がもし理由もなく病院を選んでいるとしたら、私はふれんどりぃで看取ることを勧めます。理由は、私が看取りたいと思うから。単純ですが、それしかありません。長い間、うちで介護させてもらってきて、最期は病院というのは本当に残念です」

家族以上に気持ちが入って、ビジネスとかけ離れてしまうことに反発するスタッフもいる。それについても、「ビジネスとしてやっているつもりはありません。家族として人として関係が薄れているいま、私たちがそれを少しでも取り戻していきたい」のだと。

数名の看取りを経験したすみ子さんは、家族が喜んでくれたこと、そして本人自身が穏やかに旅立ってくれたことが何よりも嬉しかった。だが、そんなすみ子さんの母明子さんは病院で最期を迎えることになってしまった。医療措置のために入院した矢先、亡くなったのだった。

「社会に出て交流することが大切なんです」

いまでこそ「ふれんどりぃの家・郷」でたくさんの人をみているすみ子さんだが、かつては母明子さんを介護していて、辛く当たったこともある。言うことを聞かないで勝手に行動する明子さんに悪態をついたりもした。手を上げそうになったことが何度もある。

虐待をする介護者の気持ちは痛いほどわかる。そんな介護者を集めて互いに話をする場の必要性を感じ、年に数回、介護者の会を催している。

「介護で困っている人、ひとりで苦しんでいる人が胸の内をさらけ出して、少しでも負担を軽減できればいいと思い開催しています。虐待している人もいるでしょうが、そんな人もしたくてやっているのではないんです。私もその気持ちはよくわかります。実の母と義理の母をみていますが、実の母に対してはどうしても感情的になってしまうんです。息子さんが実母に対して虐待するケースが増えているようですが、本当はみんなやさしいのに、どこかで抑え切れなくなる。理屈じゃないんですね」

介護者である家族のための場がまだまだ必要だとすみ子さんは考えている。介護者が集って、現状を聞いてもらうだけで救われる場合が少なくないからだ。

しかし、介護をしていない一般の人にとっては、認知症患者も、介護施設も、自分とは関係のないことと思うにちがいない。

最初の施設を立ち上げたときも、近隣の住民から苦情があいついだ。送迎の車がうるさかったり、認知症の利用者が奇声を発したりしたためだ。

しかし、すみ子さんは施設内にこもるのではなく、積極的に外に出るようにした。みんなで散歩によく出かけ、街の人と挨拶もする。そんな人と人との交流が地域との結びつきを強め、理解を得ていった。認知症の利用者が多くいたが、明るくやさしく介護するスタッフに支えられ、問題は起こさなかった。

「月一度ですが、地域のひとり暮らしの方を招いて夕食会をしていました。施設の利用者と地域の人が一緒になって食事をし、仲良くなっていきました。そういうことを積み重ねていくことが大切だと思います。施設があることで安心して暮らせる街になった、と言ってくれる人もいました」

やがて二年後に移転することになり、挨拶にまわると、住民の多くが残念がった。閉じこもるのではなく、外に出ていくこと。それが施設にとっても有益であることをすみ子さんは実感した。

介護者を閉じ込めないで、積極的に地域に出て行く、それはいろいろな局面で実施された。たとえば、買い物にも毎日のように認知症の利用者をぞろぞろ引き連れて出かける。最初は嫌な目で見られたこともあった。あるスーパーでは買い物客に「邪魔になるから出て行け」と言われたこともある。

回転寿司店では、利用者のひとりが声出しをするため、「お客様の迷惑になりますので」と来店を拒否された。寿司だけ買って外に座って食べていると、店長がやって来て、「出張サービスもありますので、それを利用してください」と申し訳なさそうに言った。

だが、すみ子さんは店長に言った。

「それでは意味がないんです。こうして社会に出て交流することが大切なんです。認知症の方にもいい影響があるし、それを受け入れる社会もまた成長できるんです」

店長はすみ子さんの考えに感銘を受け、「わかりました。これからも当店をご利用ください。ぜひ、お待ちしております」と言った。

散歩や買い物、さらには飲食店まで認知症の人たちを連れて行くことで、地域ではそれが普通の風景となっていく。店舗ではやがてそうしたハンディキャップのある客に対応して、バリアフリーやメニューを考えてくれるかもしれない。

認知症の利用者とその家族を引き連れて一泊旅行を毎年おこなっている。寝たきりの母も車椅子に乗せて同行させた。不安もあったが、楽しい思い出がきっとできるはずだと考えたのだ。

景勝地では美しい風景を楽しみ、夜は温泉にも入った。ホテルも事前に交渉していたので温かく迎えてくれた。声を出す人もいたが、他の客と同じレストランで食事もできた。そして、なんの問題もなく帰宅することができた。総勢五〇人ほどの一泊旅行は本人と家族にとって最高の時間となったにちがいない。普通であれば、認知症の肉親と旅行に行くことなど考えようもないことである。

「家族だけで連れ出すことは無理だと思います。私も母と旅行なんてとても無理ですから。やはりスタッフがいるからできるんですね。家族ができないことを代わりにやらせていただく、それが私たちの役目でもあると思います」

認知症になっても社会に出て普通に暮らせるんだ、ということをたくさんの人が知ることで、病気に対して怖がらなくなるかもしれない。

認知症は誰でもかかる可能性がある。だからこそいまから行動しなければならない、とすみ子さんは考える。

「ここにいると年をとるのが怖くない」

すみ子さんがいまでも忘れられない利用者の言葉がある。ある朝、利用者を迎えに行って、いつものように「おはようございます」と挨拶した。すると、その女性（九〇歳）がすみ子さんに言った。

「いろいろな人に挨拶されるけど、『ふれんどりぃ』の挨拶が一番心に響くよ。その挨拶で、今日も行きたいと思うんだよね」

すみ子さんはその女性の言葉で、挨拶やケア、サービスなど、すべてにおいて利用者の心に響くものでなければいけないと、強く思うようになった。

それからもうひとつ、利用者が語った忘れられない言葉がある。

「ここにいると年をとるのが怖くない」

スタッフのやさしさがその人に伝わり、そのような言葉となってあらわれたのだ。

すみ子さんの夢は、在宅介護者が増えて、通いなれた施設や家で家族が最期を看取ることのできる社会をつくることだ。そのためには、サポートする側が自信と信念をもって在宅介護を支援していかなければならないと考えている。母のためにつくった施設はいま、その一歩を踏み出し、大きく前進しはじめたのである。

「ふれんどりぃ」に勤めているスタッフの娘さん（小学二年）の作文を紹介しよう。「ふれんどりぃ」では、スタッフの子どもがよく遊びに来て、高齢者たちと一緒に過ごすそうだが、そのときの感想を書いたものである。

おかあさんのおしごと

ながいみいな（小学二年生）

わたしのおかあさんが、おしごとをしているところには、おじいちゃんが四人います。おじいちゃんの中には、スタッフさんがいないとあんぜんにうごけない人がいます。でも、スタッフさんがいなくてもあるける人もいるので、おかあさんがおひるごはんをつくりおわるまで、みんなでお出かけをしています。午前中と、午後にお出かけをしています。

みんなしゃべれるので、おひるごはんを食べているあいだ、わたしはおじいちゃんたちと、

「学校はたのしい？」とか、

「おかあさんはやさしい？」などと、いろいろなことを話しています。

わたしは、おじいちゃんと話をしていると、たのしくなってきます。スタッフさんは、じぶんのいえで食べているように、おじいちゃんたちに話しかけたり、お茶をそそいであげたりしています。おじいちゃんたちは、おいしそうにえがおでゆっくり食べています。スタッフさんたちが、よくきこえるように、ゆっくりお話をしているところがたいへんそうに見えました。

わたしにできることはなんでしょう。たとえば、もっといろいろなことを話してあげたり、わたしがあそびにいったときに、ごあいさつを大きなこえでしたりとか、ほかにもわたしにできることは、いっぱいあると思います。

ほかにも、同じようにこまっている人はたくさんいると思います。その人たちにであったら（助けてあげて）、こまっている人をいなくしたいです。

わたしが大きくなったら、ふくしのしごとに入りたいです。そして、人をささえる人になりたいです。

◇ひとくちアドバイス

在宅介護で孤立しないために

地域社会とのつながり

筒井すみ子さんが認知症の人を買い物や旅行に連れ出すのは、社会とのつながりを切りたくないという想いがあるから。これまで認知症や介護というのは、どこか人目にさらしてはいけないように思われてきた。それが他人に相談できない要因となり、デイサービスを嫌がる原因ともなっている。

認知症になったり、要介護と認定された時点で、家と施設のほかに、社会とのつながりは薄くなる。人と人との結びつきは、病気になったり困ったときにこそ本領を発揮するものなのに。

地域社会の絆をもっと強めたい。独居老人や孤独死など、介護制度では救えない人は少なくない。デイサービスや施設はあくまでも「受け」の姿勢であって、地域に「出て」行くことはない。これからの介護は、施設や行政が地域社会と協力し、個々の人、家庭の事情に合うサービスを展開していく必要があるだろう。そのためには、すみ子さんのような視点で利用者と向き合うことが大切だといえる。

地域にはまだまだ表に出てこられない在宅介護者がいる。社会から孤立して介護保険サービスを受けることもなく、閉じこもってしまっている介護者家庭である。社会が介護に対して、特別視しないふん囲気をつくらなければ、そうした家族は表に出てくることはないだろう。そのためにも、すみ子さんのような地道な活動が有効であるといえる。

おわりに

男性の多くは、自分が誰かの介護をするという意識はまだまだ低いように思う。私も実際に母親の介護をするまで、自分のこととして考えたことはなかった。それは、社会に出て仕事をしている以上、やむをえないことかもしれない。

しかし、介護をしている妻を支援することはできる。とくに大切なことは、妻を精神的に支えるということ。取材をするなかで、夫の協力やねぎらいの言葉が大きな力になった、と多くの妻たちが答えてくれた。

夫のつぎに頼りになるのが息子や娘である。私自身も子どもにできるだけ介護にかかわってもらっているが、そうすることで子どもは高齢者という存在がどういうものか理解し、助け合うことの大切さを学ぶことができるのである。子どもには介護はさせたくない、と思っている人が多いが、それはある意味で家族の絆を自ら絶っているのかもしれない。

また、身内に協力者がおらず自分ひとりで介護する場合、通常はデイサービスやケアマネージャーに相談できるが、体調を崩したり、心が折れそうなときに頼れる存在はぜひ確保しておきたい。そういう意味では、やはり介護経験者が最適といえる。

介護経験者は意外に身近にいたりする。私の場合、近所のオバサンがそうであった。彼女はかつて夫の親を介護し、いまは自分の親を介護中である。私はときどき、自分の親を彼女にあずかってもらって外出したり、デイサービスから戻ってくる際に出迎えができないとき、代わりに彼女の家で受け入れてもらっている。

六〇代なかばの彼女は、話をしてみると地元の「介護者の会」の会員でもあった。それを機に私も会合に顔を出すようになり、多くの介護者と知り合い、有益なアドバイスをいただいた。会員の中には話をしている最中に涙を流される方もあり、介護の苦労がいかばかりか思い知った。

私とはひとまわり上の年代の方が多く、若い人は入会しづらいかもしれない。それでも話をすると、すぐに仲良くなれる。それは同じ介護仲間という意識があるからだろう。質問すれば、アレコレと教えてくれ、時間を忘れて話し込むこともある。会合に出席するのは圧倒的に女性が多い。彼女たちは男性よりも広い視野をもち、仲間づくりをするのが達者だ。

介護を終えた女性たちの多くが、「悔いはない」とよく言う。そして、その期間が非常に充実していたとも口にする。介護とは、マラソンのようなものだ。走り終えたときの達成感は走ったからこそ味わえる。どんなゴールでも、それは問題ではない。

世の中には認知症や介護に理解のない人も多く、妻たちの苦労は計り知れない。それでも妻たちにはやり遂げるたくましさがある。本書をそうした、すべての妻たちに捧げたい。今回、介護者の会の会員を中心に取材をさせていただいたことが、本書の土台となっている。心より感謝を申し上げたい。

中村和仁

二〇一二年四月二二日

中村和仁◎なかむら・かずひと

一九五九年熊本県生まれ。ＩＴメーカー、広告代理店、出版社などを経てフリーのライターとして活動中。現在、認知症の母親を在宅介護しながら、執筆活動をおこなっている。主に住宅系、環境系、ライフスタイル系の編集・執筆に携わる。自身の経験と取材を通して、介護の現状を分析。多くの人に介護が他人事ではないことを理解してほしいと思っている。著書『男の介護』（新泉社）ほか。

妻たちの介護
在宅介護で孤立しないために

二〇一二年六月一五日　第一版第一刷発行

著　者　中村和仁
発　行　新泉社
東京都文京区本郷二－五－一二
電話 〇三－三八一五－一六六二
ファックス 〇三－三八一五－一四二二
印　刷　美研プリンティング
製　本　榎本製本

ISBN978-4-7877-1207-3　C0036

男の介護　認知症介護で困っているあなたに

中村和仁著　四六判・二四〇頁・一六〇〇円＋税

中高年の男性がひとりで親や妻を介護するケースが増えている。家事が不得手なうえに認知症に適切な対応ができず、精神的に追い込まれないためにどうすればよいのか。認知症の母親をひとりで在宅介護している著者が、中高年男性介護者たちの体験を取材。楽しい介護生活を送るための「不良介護」を提案する。

◎目次